LUIGI PREDEBON

VENDERE ASSICURAZIONI

Cinque Mosse Efficaci per Vendere Prodotti Assicurativi e Soddisfare il Cliente

Titolo

“VENDERE ASSICURAZIONI”

Autore

Luigi Predebon

Editore

Bruno Editore

Sito internet

http://www.brunoeditore.it

Sommario

Introduzione

In tanti anni di lavoro come consulente assicurativo ho cercato spesso delle pubblicazioni che mi aiutassero a migliorare le mie capacità nella vendita dei prodotti assicurativi. Purtroppo le mie ricerche si sono sempre rivelate vane, ho trovato solo dei testi che trattavano le assicurazioni da un punto di vista tecnico e mai da quello dell'approccio commerciale con il cliente.

Ho quindi ripiegato su testi generici riguardanti il commercio, per scoprire puntualmente che gli argomenti trattati, pur essendo molto validi, poco si adattavano alla vendita delle assicurazioni, perché vendere assicurazioni non è come vendere mobili, auto, cancelleria o altri beni: è qualcosa di più complesso e richiede delle abilità specifiche non necessariamente indispensabili in altri tipi di vendita.
Ecco perché ho deciso di scrivere questo libro, che è il risultato di oltre dodici anni di esperienza diretta, prima di vendita nel commercio di prodotti assicurativi e poi nella formazione di

intermediari. Il metodo che apprenderete non ha la pretesa di essere la "verità", ma ha permesso prima a me, e poi a tutti coloro che hanno deciso di adottarlo, di ottenere risultati sorprendenti in termini di soddisfazione dei clienti.

Il fatto che stiate leggendo questo libro testimonia da solo che voi siete tra chi ha deciso di avere successo nel mondo delle assicurazioni. Sono certo che ciò che apprenderete premierà la vostra decisione di diventare dei veri professionisti e vi aiuterà a raggiungere le mete che desiderate.

Congratulandomi con voi per la scelta, vi auguro buon lavoro e vi lascio con un tipico augurio irlandese: «Che la strada si alzi per venirti incontro, che il vento soffi sempre alle tue spalle, che il sole t'illumini e ti riscaldi e la pioggia cada piano sui tuoi campi fino al momento in cui ci ritroveremo, e che Dio ti tenga lieve sul palmo della sua mano: arrivederci e che Dio ti benedica».

CAPITOLO 1:
Come concepire l'assicurazione

Il Codice Civile, all'art. 1882, definisce l'assicurazione in questo modo: «L'assicurazione è il contratto col quale l'assicuratore, verso il pagamento di un premio, si obbliga a rivalere l'assicurato, entro i limiti convenuti, del danno a esso prodotto da un sinistro, ovvero a pagare un capitale o una rendita al verificarsi di un evento attinente alla vita umana».

Tale definizione, "assolutamente chiara" per chi opera nel settore, non lo è altrettanto per il cliente; per lui l'assicurazione è una spesa immediata che si dimostrerà utile solo al momento in cui subirà un evento dannoso (malattia, infortunio, morte ecc.) che naturalmente egli si augura non accada mai.

Non c'è quindi da stupirsi se è così difficile vendere assicurazioni. Manca un beneficio immediato e nel caso in cui ci fosse un beneficio, questo sarebbe in conseguenza a qualcosa di spiacevole. Bella differenza rispetto ai beni di consumo!

Quando, ad esempio, una persona decide di acquistare un televisore, entra in un negozio, sceglie il modello che preferisce, paga e dopo qualche ora si gode il suo programma preferito sul nuovo apparecchio. Lo stesso meccanismo avviene tutte le volte che compra un bene tangibile o un servizio che, una volta acquistato, permette di verificarne da subito la validità (come può essere il soggiorno in un villaggio turistico).

Questo tipo di verifica non è purtroppo possibile quando si parla di assicurazioni, poiché si potrà accertare la bontà della scelta solo nel momento del bisogno, ma questo, come abbiamo detto, non è mai un evento piacevole per il cliente.

Per riuscire a convincere l'acquirente del vantaggio che può ricavare dall'acquisto di un prodotto assicurativo è quindi indispensabile aiutarlo a vedere in modo diverso l'assicurazione. Deve capire da subito che una polizza di assicurazione gli procura dei vantaggi immediati, non quelli soliti legati a una maggior tranquillità. Deve avere dei benefici concreti, tangibili. Come?

Per rispondere a questa domanda è necessario trovare una definizione di assicurazione più moderna rispetto a quella data dal Codice Civile.

Chi sottoscrive un contratto di assicurazione non lo fa certo perché pensa che una polizza lo metta al riparo dalla possibilità che accadano gli eventi temuti, ma agisce per non dover sborsare del denaro nel caso in cui tali eventi dovessero verificarsi. In parole semplici non si assicura contro un danno, ma contro le sue conseguenze economiche.

SEGRETO n. 1: vendere assicurazioni equivale a vendere uno strumento di gestione del denaro atto a tutelare dalle conseguenze economiche di un eventuale danno.

Questo significa che l'assicurazione rappresenta per lui un mezzo per gestire il suo risparmio, potremmo quindi definirla come uno **strumento per la gestione del denaro**. A questo punto diventa indispensabile parlare del denaro e del suo utilizzo.

Il denaro entra nelle famiglie normalmente grazie al lavoro e viene poi utilizzato generalmente seguendo una scala di priorità. Dapprima si farà fronte a quelle che vengono definite spese correnti:

- bollette;
- vitto;
- affitto o rata del mutuo;
- benzina.

Ciò che resta (a questo proposito è utile ricordare che l'Italia è seconda al mondo per ciò che riguarda il risparmio) è messo da parte come risparmio fondo cassa e destinato in parte alla realizzazione di progetti di medio e lungo termine (acquisto della casa, di un'auto o altro) e in parte per possibili imprevisti (il "non si sa mai").
Naturalmente, ciò che è accantonato per il "non si sa mai" è considerato intoccabile, è come se non ci fosse e pertanto è inutilizzato e inutilizzabile, pena il venir meno della sicurezza per eventuali incidenti.

Ricordo ancora quando mia madre discuteva con mio padre dell'utilizzo dei pochi risparmi messi da parte, e ricordo la

risposta che puntualmente lui le dava: «Quei soldi non si toccano. È come se non ci fossero. Se li spendiamo e poi succede qualcosa siamo davvero nei guai». Questa strategia di gestione del risparmio fa sì che si debba ritardare, quando non addirittura rinunciare, a realizzare dei progetti che permetterebbero di migliorare la qualità della propria vita.
Vi faccio un esempio: supponiamo che voi abbiate un risparmio di 50.000 euro per gli imprevisti e di altri 10.000 euro accumulati in un anno (è la vostra capacità di risparmio) per sostituire la vecchia auto con una nuova più confortevole del valore di 30.000 euro. Per realizzare il vostro desiderio dovrete risparmiare altri 20.000 euro, il che significa che (sempre che riusciate a mantenere la vostra capacità di risparmio di 10.000 euro l'anno) vi ci vorranno altri due anni per realizzare il vostro desiderio, rinunciando probabilmente in questo periodo a soddisfarne altri.

Ora vi chiedo: ha senso tutto questo, visto che avete da parte altri 50.000 euro che vi permetterebbero da subito di cambiare auto senza costringervi a dover risparmiare ancora per altri due anni? Sento già la vostra risposta: «Certo che ha senso! I 50.000 euro servono per il "non si sa mai", se li utilizzo per l'auto e poi succede qualcosa non li ho più a disposizione, e allora sì che sono veramente nei guai!»

Avete proprio ragione, ci vorrebbe qualcuno che fosse disposto ad assumersi i rischi economici del vostro "non si sa mai", così voi potreste tranquillamente utilizzare i vostri 50.000 euro e acquistare l'auto nuova. A proposito, conoscete qualcuno che sia disposto a farsi carico dei potenziali imprevisti? Se non vi viene in mente nessuno, telefonatemi, io faccio l'assicuratore e il mio lavoro consiste proprio nel sollevarvi dal peso economico delle vostre preoccupazioni in cambio di una modesta somma di denaro.

A parte le battute, l'assicurazione è proprio un modo per "scongelare" il denaro tenuto bloccato per i casi di necessità (che, tra le altre cose, non di rado si rivela insufficiente) favorendo quindi la realizzazione dei propri progetti, e questo in cambio di una somma sempre minima rispetto ai vantaggi che procura.

A proposito di somme che poi si rivelano insufficienti, vi racconto un episodio molto personale ma che può illuminarvi al riguardo. Come vi ho detto mio padre metteva da parte delle somme per il “non si sa mai”, che per lui era rappresentato dalla malattia che poteva presentarsi improvvisamente. Per conservare quei risparmi, giacché eravamo una famiglia modesta, dovevamo rinunciare a molte cose come ad esempio le vacanze al mare, l’auto ecc.

Purtroppo un giorno, quando mio padre aveva sessant’anni, la malattia tanto temuta si presentò e in pochi anni lo costrinse alla sedia a rotelle e a un’assistenza continua. In quel momento scoprimmo quanto inutili fossero stati i sacrifici ai quali tutti eravamo andati incontro negli anni per risparmiare, infatti il denaro accantonato non era sufficiente a fronteggiare tutte le spese che si presentarono: avremmo dovuto acquistare un montascale per disabili, visto che abitavamo al terzo piano di una casa senza ascensore, e almeno pagare un’infermiera che potesse assistere mio padre giorno e notte.

In poche parole, la scelta di bloccare dei soldi per un’eventualità infausta non si rivelò azzeccata, né nel momento del risparmio, perché ci costrinse a grossi sacrifici, e neanche al momento dell'utilizzo, perché non servì a nulla.

Certo, pensare all'assicurazione come un metodo per non tenere bloccato del denaro destinato a eventuali catastrofi, potendolo quindi utilizzare per migliorare il proprio tenore di vita, è la scoperta dell'acqua calda, ma quante volte avete visto o fatto vedere ai vostri potenziali clienti l'assicurazione sotto questo punto di vista? Quanti assicuratori ve l'hanno presentata in questo modo?

A me personalmente nessuno. Normalmente mi veniva consigliato di sottoscrivere una polizza perché in caso di morte i miei figli non dovessero patire di stenti, o perché potessi permettermi una clinica modello in caso di malattia o l'ultimo tipo di sedia a rotelle nel caso venissi colpito da una paralisi.

Voglio farvi una domanda: preferireste fare affari con qualcuno che vi aiuta a realizzare i vostri progetti o con chi vi ricorda quante possibili disgrazie possono capitare negli anni a voi e alla vostra famiglia?

Se preferite fare affari con questo tipo di assicuratore chiudete pure questo libro perché non fa per voi; se invece preferite il primo tipo di interlocutore proseguite con ancora maggiore attenzione nella vostra lettura, perché state per diventare come lui.

SEGRETO n. 2: proponete al cliente un nuovo modo di concepire l'assicurazione, così che possa apprezzare da subito i vantaggi concreti derivanti dal possedere le vostre polizze assicurative.

Abbiamo visto che le persone destinano le loro entrate alle spese correnti, al risparmio per la realizzazione di obiettivi a medio e lungo termine e all'eventualità che accada qualcosa di spiacevole e non quantificabile. Ora, rispondete a questa domanda: in quale percentuale il denaro viene distribuito nelle tre voci?

1. Spese correnti, percentuale: …
2. Realizzazione progetti, percentuale: …
3. "Non si sa mai", percentuale: …

Se avete provato a dare delle percentuali evidentemente siete ben disposti verso il mio ragionamento e avete voluto soddisfare la mia richiesta. Oppure credete che un impiegato statale e Bill Gates si comportino nello stesso modo; per esempio se l'impiegato guadagna 1500 euro al mese e destina il venti percento del suo reddito al vitto, anche Bill Gates dovrebbe fare la stessa cosa, ma, considerando che il reddito di quest'ultimo è di gran lunga superiore a quello dell'impiegato statale, mi chiedo: come farà il "signor Windows" a mangiare così tanto?

Sono certo che dentro di voi sapete già che la risposta corretta alla mia domanda è «dipende». Più precisamente dipende da:

- età;
- reddito;
- tipo di attività;
- responsabilità economiche nei confronti di altri (familiari, soci ecc.);
- abitudini;
- mentalità e altre variabili soggettive.

Già da queste considerazioni appare evidente come non esista una persona uguale a un'altra. Ognuno ha caratteristiche ed esigenze personali che non possono, se non casualmente, essere soddisfatte da proposte standard, e pertanto nel vostro lavoro la cosa più importante sarà entrare in rapporto con il potenziale cliente e cercare di conoscerlo.

Posso già immaginare quello che state pensando adesso: «Queste cose le abbiamo sentite un sacco di volte. Lo sappiamo che occorre fare un'intervista per conoscere il cliente, lo sappiamo che dobbiamo entrare in relazione con lui. Dov'è la novità?»

La vostra considerazione è legittima; la novità consiste nel fatto che la differenza tra chi ha successo e chi non ce l'ha non si trova tanto nelle cose che fa ma nel come le fa. Proseguendo nella lettura di questo libro, imparerete ad agire nel modo migliore che io conosca per avere successo nel vostro lavoro.
Prima vi ho parlato della necessità di creare un buon rapporto con il vostro interlocutore. Creare un buon rapporto significa riuscire a comunicare da persona a persona, ed è pertanto fondamentale che riusciate a cancellare dalla vostra mente la parola "cliente" per sostituirla con quella "persona".

Naturalmente non è sufficiente sostituire i termini per avere risultati migliori, occorre veramente convincersi che in fase di trattativa state comunicando con un essere umano che ha le sue emozioni, le sue idee, i suoi desideri e i suoi valori. Non avete di fronte una "mucca da mungere" come purtroppo troppi venditori credono. Avete di fronte qualcuno che sarà disposto a fare affari con voi solo se convinto di essere capito e che voi agiate nel suo interesse.

SEGRETO n. 3: sostituite nel vostro modo di pensare la parola "cliente" con quella "persona". Tutti amiamo essere considerati e trattati come individui.

La vendita della polizza di assicurazione non deve essere il vostro obiettivo primario, ma la naturale conseguenza del modo in cui conducete la trattativa con chi avete di fronte.

Naturalmente, per poter creare una buona relazione con il vostro interlocutore è di fondamentale importanza utilizzare correttamente la comunicazione. Per cui, prima di passare a esaminare la trattativa di vendita è indispensabile fare alcune considerazioni sulla comunicazione.

RIEPILOGO DEL CAPITOLO 1:

- SEGRETO n. 1: vendere assicurazioni equivale a vendere uno strumento di gestione del denaro atto a tutelare dalle conseguenze economiche di un eventuale danno.
- SEGRETO n. 2: proponete al cliente un nuovo modo di concepire l'assicurazione, così che possa apprezzare da subito i vantaggi concreti derivanti dal possedere le vostre polizze assicurative.
- SEGRETO n. 3: sostituite nel vostro modo di pensare la parola "cliente" con quella "persona". Tutti amiamo essere considerati e trattati come individui.

CAPITOLO 2:
Come comunicare con il cliente

Come certamente sapete, “comunicare” non ha lo stesso significato di “parlare”; la parola è solo un elemento della comunicazione, che è invece uno scambio d’informazioni e di reciproca influenza tra i soggetti coinvolti.

Il parlare si potrebbe rappresentare in questo modo:

Il comunicare lo potremmo invece rappresentare così:

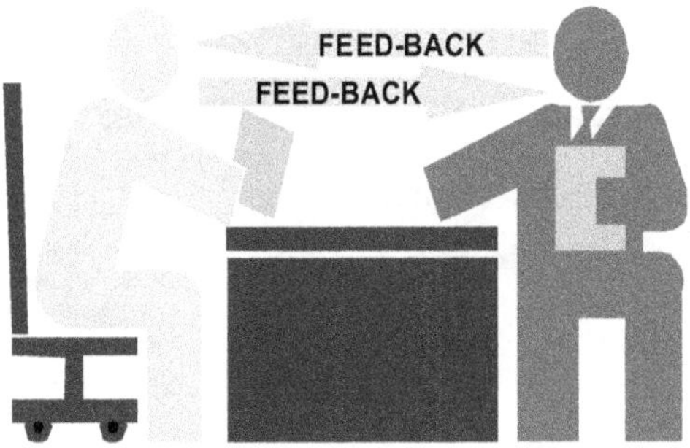

SEGRETO n. 4: l'atto comunicativo prevede che ci siano almeno due soggetti coinvolti che sono contemporaneamente emittenti e riceventi e si influenzano a vicenda.

L'influenzare assume spesso connotati negativi in quanto viene associato al manipolare. Nonostante sia normale questo modo di pensare, alcune informazioni e alcuni esempi vi permetteranno di scoprire da soli la differenza.

Prima di tutto occorre imparare a conoscere gli strumenti della comunicazione. Sino a non molti anni fa si pensava che questa avvenisse attraverso tre canali:

- parole;
- immagini;

- suoni.

Ora tutti concordano che occorre inserire tra i canali di comunicazione altri due elementi:

- atteggiamenti;
- comportamenti.

L'accettare (ma come si potrebbe non farlo?) che atteggiamenti e comportamenti sono canali di comunicazione – e considerando che non è possibile non avere atteggiamenti o comportamenti – ci porta ad alcune importanti conclusioni.

Innanzitutto *non si può non comunicare e non si può non influenzare gli altri*. Per chi ancora non ne fosse convinto, ve lo dimostrerò con un esempio.

Dovete recarvi in un'altra città per lavoro e, siccome amate conoscere persone nuove e vi piace conversare, scegliete come mezzo di trasporto il treno. Al momento di partire salite in carrozza e cercate uno scompartimento nel quale sistemarvi. Il treno è pieno di viaggiatori, ma per fortuna trovate uno scompartimento occupato da una sola persona che appare immersa nei suoi pensieri. Entrate nello scompartimento, salutate e sistemate i vostri bagagli. Nel frattempo il vostro occasionale compagno di viaggio prende un giornale e s'immerge nella lettura. Che cosa vi ha comunicato con il suo comportamento? Che non ha nessuna intenzione di iniziare una conversazione. E questo senza pronunciare nemmeno una parola.

Voi che avevate scelto il treno proprio perché permette di conoscere persone nuove con le quali conversare durante il viaggio cosa farete, visto che tutti gli altri scompartimenti sono occupati?

Considerato che siete persone educate, rispetterete il desiderio di privacy del vostro compagno di viaggio e, seppur con un certo dispiacere, vi dedicherete ad attività diverse dal conversare.

Ora riflettete un momento su quanto è successo e poi rispondete a queste domande:

- il vostro compagno di viaggio ha messo in atto con voi una tattica manipolatoria?
- Il vostro comportamento è stato influenzato dal suo?

Tutto questo è avvenuto senza che fosse pronunciata una sola parola. Siete sempre convinti che “influenzare” e “manipolare” siano la stessa cosa?

Studi molto recenti hanno dimostrato che, in una comunicazione, solo il sette percento è rappresentato dalle parole, mentre il restante novantatré è dato da voce (comunicazione **paraverbale**) e da atteggiamenti del corpo (comunicazione **non verbale**) e questo dimostra come sia impossibile non influenzare e non essere influenzati dagli altri perché è impossibile non avere una comunicazione non verbale.

Quello che veramente vi serve è imparare come influenzare positivamente qualsiasi persona, in modo da creare le condizioni per concludere affari nei quali coincidano i reciproci interessi.

SEGRETO n. 5: “parlare” e “comunicare” non sono sinonimi. Il segreto del successo è nella buona capacità di comunicare con gli altri.

Il secondo punto fermo è che *la responsabilità della*

comunicazione è sempre vostra.

Questa affermazione, apparentemente molto forte, nasce dalla seguente considerazione. Abbiamo appena visto che è impossibile non avere atteggiamenti o comportamenti influenzanti e che pertanto non è possibile non condizionare gli altri, per cui nel caso in cui una comunicazione fosse "non buona", dal momento che la stessa è iniziata quando le due persone si sono incontrate, e a opera di entrambi simultaneamente, è impossibile determinare quale tra i due soggetti coinvolti ha iniziato tale processo che si è poi rivelato negativo.

Quello appena descritto è il **principio della circolarità del processo di comunicazione**.

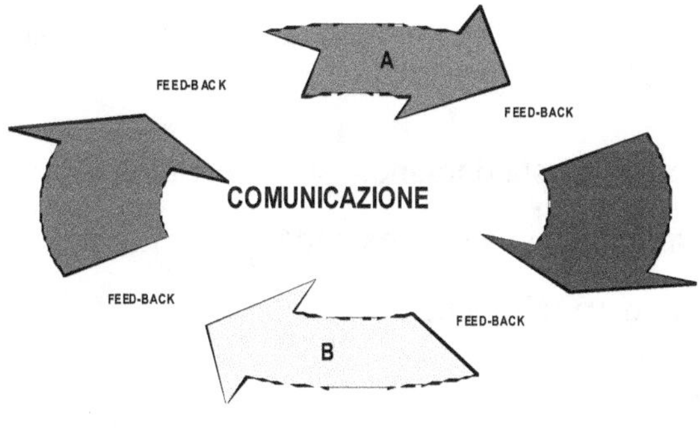

Così com'è impossibile determinare dove inizia e dove finisce un cerchio (se non attraverso una scelta arbitraria) allo stesso modo è impossibile determinare chi tra i soggetti coinvolti in un processo di comunicazione sia stato il primo a comprometterne l'esito positivo.

SEGRETO n. 6: assumetevi sempre in prima persona la responsabilità della comunicazione. Stabilire chi è il "colpevole" di una trasmissione che non funziona non porta a nessun risultato concreto.

Perché è così difficile ammettere la propria responsabilità in una comunicazione deviata? Per una questione di convenienza. Infatti se una comunicazione non va come vorreste è normale che siate portati ad attribuire le responsabilità all'interlocutore, questo vi libera, vi giustifica e copre un'eventuale vostra incapacità.

Ma rispondete a questa domanda: state cercando di raggiungere il successo o al contrario state cercando il sistema più semplice per giustificare i vostri fallimenti?

È vero che se una comunicazione non funziona come volete la responsabilità potrebbe essere del vostro interlocutore, ma questo non cambia le cose, perché c'è una sola persona che può modificare in positivo la situazione: voi.

Obietterete che anche l'altro potrebbe fare qualcosa e riconoscere le proprie colpe. Sono d'accordo con voi; il limite di questo modo di pensare è che non offre sufficienti garanzie, poiché non dipende dalla vostra volontà.

Posso immaginare le resistenze a tale affermazione di impotenza, perché accettarla significa non poter più attribuire al cliente ("ottuso", "ostile" o altro) la responsabilità di una mancata vendita, ma tutte le persone di successo che ho conosciuto nella mia vita sono abituate ad assumersi in prima persona la responsabilità di ogni risultato ottenuto, sia esso positivo o negativo.

Del resto riflettete un momento. Se in una giornata incontrate dieci clienti e alla fine non avete concluso nessun affare, quanto ci guadagnate in euro a pensare che erano dieci "ignoranti"?

Non solo non ne ottenete niente, ma mantenendo questo atteggiamento mentale in breve tempo abbandonerete la vostra attività di intermediari assicurativi con la convinzione che i clienti siano incapaci di capire le vostre offerte, ma, mentre voi arriverete a questa drastica conclusione, per qualche "strana ragione" la raccolta delle compagnie di assicurazione continuerà a crescere. Forse il problema non sono i clienti.

Ora che avete accettato l'idea che il successo dipende solo da voi (l'avete accettata vero?) siete pronti per apprendere il metodo che vi permetterà di aumentare in breve tempo il numero dei vostri clienti e il vostro guadagno.

Se al contrario non siete ancora del tutto convinti di essere voi a guidare verso la vittoria, mi assumo io la responsabilità di condurvici, ma a una condizione: che voi vi assumiate l'impegno di seguire fedelmente il metodo che vi proporrò.

RIEPILOGO DEL CAPITOLO 2:

- SEGRETO n. 4: l'atto comunicativo prevede che ci siano almeno due soggetti coinvolti che sono contemporaneamente emittenti e riceventi e si influenzano a vicenda.
- SEGRETO n. 5: "parlare" e "comunicare" non sono sinonimi. Il segreto del successo è nella buona capacità di comunicare con gli altri.
- SEGRETO n. 6: assumetevi sempre in prima persona la responsabilità della comunicazione. Stabilire chi è il "colpevole" di una trasmissione che non funziona non porta a nessun risultato concreto.

CAPITOLO 3:
Come concludere il patto di vendita
(prima mossa)

Il metodo di vendita che intendo proporvi si scompone in cinque fasi ben distinte e nello stesso tempo fortemente collegate fra loro:

1. il patto di vendita con il cliente;
2. guidare il cliente al riconoscimento delle sue necessità;
3. la proposta della soluzione con il metodo delle cinque colonne;
4. concludere positivamente una trattativa utilizzando le obiezioni del cliente;
5. mettere in movimento il "moltiplicatore d'affari".

Il **patto di vendita** con il cliente è una fase molto importante e delicata della trattativa di vendita, in quanto, come suona il detto, non c'è una seconda occasione per fare una buona prima impressione. In pochi minuti dovete riuscire a ottenere la disponibilità del cliente a iniziare una trattativa d'affari con voi e quindi in definitiva dovete ottenere la sua fiducia.

Alcuni indicano questa come la fase di *rottura* del ghiaccio, ma personalmente non amo molto questa definizione, preferisco indicarla come fase in cui si *scioglie* il ghiaccio, perché che ci sia del gelo è indubbio, ma il termine "rompere" evoca in me sensazioni di violenza, mentre quello di "sciogliere" meglio si addice, a mio avviso, a un momento che serve per instaurare un clima di reciproci rispetto e fiducia.

Nel nostro lavoro il ghiaccio è rappresentato dall'atteggiamento iniziale del cliente che normalmente è:

- diffidente;
- timoroso di essere forzato a firmare;
- preparato a sentire le "solite storie".

È ovvio che un approccio che non riesca a superare queste barriere emotive creerà ostacoli insormontabili nel prosieguo della trattativa (se mai ci sarà) e ancor di più al momento della richiesta della firma.

Ma prima di occuparci della parte verbale dell'approccio (ciò che è meglio dire) – il sette percento della comunicazione – occupiamoci della comunicazione paraverbale e non verbale – il restante novantatré percento.

È risaputo che le persone che ci piacciono di più sono quelle che ci somigliano maggiormente, che parlano come noi e che la pensano come noi. Da ciò possiamo dedurre che, per piacere a qualcuno, dovete fare in modo che egli veda in voi un po' di se stesso.

Per ottenere questo risultato la tecnica più efficace è quella del **rispecchiamento**, che si attua sintonizzandosi su alcuni comportamenti dell'altra persona. Le aree nelle quali impiegare questa tecnica sono:

- il linguaggio;
- la voce;
- il respiro;
- le posizioni e i movimenti del corpo.

Rispecchiare il linguaggio del cliente significa semplicemente usare i vocaboli che usa lui per fornirci notizie e informazioni, come vedrete più avanti nella parte riguardante la fase della conoscenza del cliente e proposta della soluzione.

Il rispecchiamento del ritmo, del volume e del tono della voce è ancora più importante ma, quel che più conta è facile da apprendere. Perché vi rendiate meglio conto dell'importanza del rispecchiamento a livello della voce, analizzate questi dialoghi figurandoveli nel modo più possibilmente realistico.

Esempio n. 1

DONNA [tono di voce alto, ritmo veloce e gioioso]: «Ciao, è un piacere rivederti, voglio raccontarti del mio recente viaggio in Turchia».

UOMO [tono di voce basso, ritmo lento e triste]: «Raccontami, sono molto curioso di sapere com'è andata».

Esempio n. 2

DONNA [tono di voce alto, ritmo veloce e gioioso]: «Ciao, è un piacere rivederti, voglio raccontarti del mio recente viaggio in Turchia».

UOMO [tono di voce alto, ritmo veloce e gioioso]: «Raccontami, sono molto curioso di sapere com'è andata».

Secondo voi con quale dei due interlocutori la donna proseguirà con piacere il suo dialogo? Con il secondo, esatto, perché si è perfettamente sintonizzato con lei. Le parole usate nei due dialoghi sono le stesse, ma non è importante ciò che è stato detto, bensì come è stato detto.

Adesso analizzate questo dialogo tra venditore e cliente, sempre cercando d'immedesimarvi nei due soggetti:

VENDITORE [tono di voce alto, allegro, ritmo veloce]: «Buongiorno signor Rossi, sono Bianchi, Mario Bianchi della Serena Assicurazioni; come vanno le cose?»
CLIENTE [tono di voce basso, ritmo lento e poca gioia]: «Purtroppo non molto bene in questo periodo».
V [sempre in tono allegro]: «Via, non sia così giù, guardi che bella giornata; su con il morale signor Rossi».

Secondo voi, quante probabilità ha il nostro assicuratore di fare affari con il signor Rossi? Giudicando dal grado di comprensione dimostrato per le sue condizioni emotive, direi molto scarse, a meno che non decida di modificare il suo modo di comunicare adeguandosi al livello di "tristezza" del cliente.

Adesso vi starete chiedendo: «Ma allora se troviamo un cliente depresso dobbiamo fare i depressi anche noi?» La mia risposta è sì, se volete incontrare e capire il suo stato d'animo; condizione essenziale per portare avanti una relazione.

Del resto per una persona triste non c'è nulla di più irritante che parlare con qualcuno che gli racconta la sua felicità; così come per una persona allegra non c'è nulla di più noioso dell'ascoltare le tristezze altrui. E sia l'irritazione che la noia non favoriscono certo una buona relazione.

Ci sono anche altre tecniche di rispecchiamento, quali per esempio il rispecchiamento del respiro e dei movimenti del corpo. Si tratta di tecniche di grande efficacia, ma non le approfondiamo in questo libro, in quanto il loro apprendimento richiede molta applicazione e soprattutto degli esempi pratici guidati e verificati di persona da un istruttore qualificato. Comunque una buona padronanza del “rispecchiamento” della voce permette già di avere miglioramenti eccezionali nella creazione del rapporto.

SEGRETO n. 7: adattatevi al modo di comunicare del vostro interlocutore. Le persone amano sentirsi comprese e questo avviene se l’interlocutore si dimostra simile a loro.

Il motivo per cui ho insistito molto sull’aspetto emotivo della relazione deriva dal fatto che, in assenza di un buon livello relazionale, qualunque sia il contenuto del vostro discorso o della vostra proposta cadrà nel nulla.

Naturalmente questo non significa che una buona relazione sia sufficiente a garantirsi la fiducia del cliente (ribadisco: il fatto che io usi sempre la parola cliente è solo una questione di adattamento al contenuto del presente libro, ma non scordiamoci mai che di fronte a voi avrete prima di tutto una *persona*) è fondamentale avere anche dei validi contenuti e dimostrarsi onesti e sinceri sin da subito.

Diviene a questo punto di fondamentale importanza ciò che diciamo nella fase di approccio, in quanto il nostro messaggio deve abbassare il livello di ansia che il cliente ha per i motivi visti prima: diffida di chi non conosce, teme di essere costretto a firmare un contratto e di sentirsi raccontare le solite storie.

In buona sostanza non conosce le "regole del gioco", o peggio ancora conosce quelle apprese con altri venditori e ne ha timore.

Vediamo dunque in che modo potete approcciare efficacemente, tenendo conto che le assicurazioni sono strumenti per la gestione del denaro amministrato da ognuno in modo diverso a seconda dell'età, del reddito, delle abitudini e delle responsabilità economiche e morali nei confronti dell'ambiente di appartenenza.

SEGRETO n. 8: spiegate da subito lo scopo della vostra visita, senza giri di parole e con la massima sincerità. Le persone amano fare affari con chi appare sincero e diretto.

Ora vi propongo due diversi modelli di approccio al cliente. Il primo è quello sentito utilizzare dai miei colleghi all'inizio della mia attività di assicuratore, mentre il secondo è quello che poi ho applicato con successo.

Vi chiedo per un momento di entrare nella parte del cliente e di giudicare quale dei due preferireste sentire, e quale vi trasmetterebbe più tranquillità sulle intenzioni del consulente assicurativo.

Approccio n. 1

VENDITORE: «Buongiorno signor Rossi, sono Mario Bianchi della Serena Assicurazioni, innanzitutto devo farle i complimenti per la sua bellissima casa».

CLIENTE: «Grazie!»

V: «Sono qui per illustrarle i prodotti che la nostra compagnia è in grado di proporle a tutela della sua persona e dei membri della sua famiglia. I nostri prodotti sono decisamente buoni e, in questo periodo in cui la sanità ha i problemi che tutti conosciamo, siamo particolarmente competitivi per quel che riguarda la copertura delle spese di ricovero in clinica privata, in caso di malattia o infortunio. Garantisce un capitale di 100.000 euro l'anno e le permette di poter scegliere i migliori specialisti; sicuramente lei sarà d'accordo con me, signor Rossi, che in caso di necessità è meglio poter contare su veri esperti. Naturalmente non è l'unico prodotto che abbiamo, ma al momento è il più interessante. Che cosa ne pensa, signor Rossi?»

Approccio n. 2

VENDITORE: «Buongiorno signor Rossi, sono Bianchi della Serena Assicurazioni. Prima di passare a spiegarle i motivi della mia visita desidero ringraziarla per l'opportunità offertami di poter svolgere il mio lavoro. Innanzitutto desidero sapere se lei conosce già la Serena Assicurazioni».

In questo caso ci sono due possibili risposte: «Sì» o «no». Se il cliente risponde affermativamente, il venditore chiederà: «In che modo la conosce e che idea si è fatta?» Se, invece, la risposta è negativa, procederà con una presentazione della compagnia, concludendo con una domanda: «Che cosa ne pensa, signor Rossi?»

Dopo aver atteso la risposta, potrà proseguire in questo modo: «Come lei potrà immaginare, lo scopo della mia visita è quello di poterla avere tra i miei clienti. Naturalmente mi rendo conto che ciò potrà accadere solo se sarò in grado di farle delle proposte vantaggiose, che le permettano di guadagnarci. La compagnia che rappresento dispone di prodotti validi che potrebbero risultare per lei molto vantaggiosi. Dico potrebbero in quanto, non conoscendo le sue necessità, non ne posso avere ora la certezza, ognuno ha richieste personali che vanno soddisfatte in maniera specifica».

Continuerà: «Per capire se e quale tra i nostri prodotti può essere vantaggioso per lei, mi è indispensabile conoscerla meglio, e a tal fine le rivolgerò un paio di domande. Sulla base delle risposte che lei mi darà studierò, in ufficio, una soluzione che le sia vantaggiosa. Potremo poi, eventualmente, esaminarla insieme in un successivo incontro e, se anche lei la troverà conveniente, mi aspetto di poterla avere da subito tra i miei clienti. Che cosa le piace di più di questo modo di procedere?»

Esaminiamo ora i pro e i contro dei due modelli di approccio.

Approccio n. 1

Pro:

- va direttamente sul prodotto, se il cliente sta cercando proprio quello la trattativa si può portare subito alla conclusione;
- è efficace se ci si muove su basi statistiche; infatti su cento clienti troverete sicuramente qualcuno interessato al vostro prodotto.

Contro:

- se il cliente non è interessato a quel prodotto la trattativa è già chiusa;
- richiede molti appuntamenti, cosa non semplice con il mercato attuale.

Approccio n. 2

Pro:

- spiega esattamente le vostre intenzioni; è tranquillizzante sulla paura di dover firmare qualcosa in quanto, se ciò dovesse avvenire, sarà solo in un secondo tempo, è molto trasparente e onesto e pone il cliente al centro di tutto;
- pone le condizioni per creare una buona relazione;
- evita perdite di tempo con chi non è interessato davvero a conoscere l'offerta, ma forse vi ha ricevuto solo per curiosità o

perché incapace di dirvi di no al telefono;
- punta più sulla qualità del rapporto ed è particolarmente utile quando si sono fissati pochi appuntamenti ed è importantissimo riuscire a ricavare il massimo da ogni contatto.

Contro:
- richiede due visite per arrivare alla conclusione del contratto.

SEGRETO n. 9: non fate alcuna proposta in prima visita. Mirate a ottenere un secondo appuntamento per presentare le vostre soluzioni.

Quello che segue vi convincerà che il secondo approccio è il migliore e vi servirà per raggiungere l'eccellenza nel vostro lavoro. Il secondo modello di approccio (quello da me usato abitualmente) introduce la seconda fase della trattativa di vendita, e cioè la conoscenza del cliente, meglio conosciuta come intervista.

RIEPILOGO DEL CAPITOLO 3:

- SEGRETO n. 7: adattatevi al modo di comunicare del vostro interlocutore. Le persone amano sentirsi comprese e questo avviene se l'interlocutore si dimostra simile a loro.
- SEGRETO n. 8: spiegate da subito lo scopo della vostra visita, senza giri di parole e con la massima sincerità. Le persone amano fare affari con chi appare sincero e diretto.
- SEGRETO n. 9: non fate alcuna proposta in prima visita. Mirate a ottenere un secondo appuntamento per presentare le vostre soluzioni.

CAPITOLO 4: Come portare il cliente a riconoscere i suoi bisogni (seconda mossa)

Come abbiamo visto, la conoscenza del cliente è indispensabile per capire le sue necessità così da trovare delle soluzioni veramente vantaggiose e utili per lui. E per poter condurre una buona intervista è di fondamentale importanza sapere che cosa si vuole ottenere.

Nel vostro caso, ciò che volete ottenere sono informazioni utili a scoprire quale sia l'esigenza del cliente, e farla scoprire anche a lui. Per poter raggiungere questo obiettivo occorre avere le idee chiare sul significato del termine "esigenza".

Esigenza = necessità di qualcosa

Ma chi ha necessità di qualcosa? Ovviamente chi ha il desiderio di apportare un miglioramento nella sua vita, non certamente chi è pienamente soddisfatto della sua situazione (ammesso che ci sia qualcuno che possa affermare di trovarsi in questa invidiabile situazione), perché in realtà anche chi è pienamente soddisfatto della sua situazione ha o potrebbe avere l'esigenza di consolidare il proprio status.

Naturalmente, per poter scoprire quale siano le esigenze di una persona è di fondamentale importanza conoscere qual è la sua situazione attuale e quale la situazione desiderata.

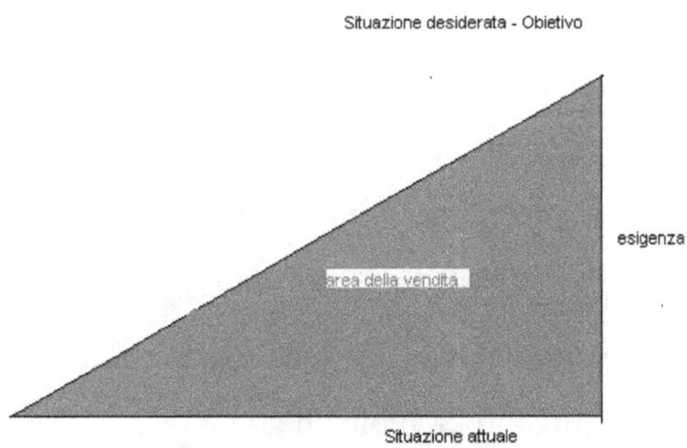

Quando avrete raggiunto questo obiettivo potrete con facilità lavorare o costruire la soluzione più adatta e più vantaggiosa, che gli permetterà di passare dalla situazione attuale a quella desiderata.

Possiamo quindi dare una nuova definizione di esigenza:

Esigenza = ciò che serve per passare da ciò che si ha
a ciò che si desidera avere

SEGRETO n. 10: scoprite l'esigenza del cliente, dove per esigenza s'intende ciò che serve per passare da ciò che ha a ciò che desidera avere.

Esiste un solo modo efficace per conoscere la situazione attuale del cliente e la sua situazione desiderata: **fare domande**. Il fare domande non è così semplice come potrebbe apparire; a tale proposito Oscar Wilde diceva: «A dare risposte sono capaci tutti, a fare domande intelligenti ci vuole un genio».

Probabilmente esagerava riguardo alla necessità di essere un genio, ma sicuramente occorre avere la capacità di usare i vari tipi di quesiti in modo corretto, al fine di ottenere le informazioni che desiderate conoscere. Scopriamo quindi quali sono i diversi strumenti per domandare che potete utilizzare:

- *la domanda chiusa*: prevede tre tipi di risposta possibile, sì, no, non so. Esempio: «Lei signor Rossi è sposato?»
- *La domanda aperta*: serve per far "aprire" il vostro interlocutore, per farlo parlare. Queste domande sono normalmente precedute da come, perché, in che senso. Esempio: «Com'è composta la sua famiglia signor Rossi?»

Molto spesso però le domande aperte non sono sufficienti, in quanto le risposte potrebbero non essere precise e indurvi a dare alle informazioni ricevute dei significati diversi da quelli attribuiti dal cliente. In questi casi è utile servirsi della **domanda spalancata**, un interrogativo che inizia sempre con: «Che cosa significa per lei…?», «Che cosa intende lei per…?»

Le domande spalancate sono per voi di fondamentale importanza in quanto avete bisogno di informazioni molto precise per poter calibrare una proposta veramente vantaggiosa alla quale il vostro cliente può rispondere in un solo modo: «Sì».

Analizzate ora questo dialogo:

VENDITORE: «Lei signor Rossi investe i suoi risparmi in B.O.T.?» (domanda chiusa).

CLIENTE: «Sì».

V: «Perché ha scelto questa forma d'investimento?» (domanda aperta).

C: «Perché è un investimento tranquillo».

Ora scrivete quello che intendete voi per investimento tranquillo:

____

____

____

Confrontate poi la vostra risposta con quella che darà il cliente dopo che gli verrà fatta una domanda spalancata:

VENDITORE: «Che cosa intende lei, signor Rossi, per investimento tranquillo?»

CLIENTE: «Intendo un investimento che mi permetta di ritirare i miei soldi quando voglio, senza perderci».

Non so se la risposta data dal cliente coincide con quella che avete dato voi prima, ritengo sia improbabile in quanto avreste dovuto saper leggere nel suo pensiero.

La domanda spalancata permette quindi di non doversi cimentare nella difficile pratica dell'interpretazione arbitraria, in quanto dà modo al cliente di spiegare con esattezza il significato della sua affermazione (in questo caso «investimento tranquillo») senza lasciare spazio a vostre supposizioni personali che potrebbero rivelarsi inesatte (cosa che accade con molta facilità).

È ovvio che una vostra interpretazione sbagliata vi porterà a delle conclusioni sbagliate e quindi a una proposta sbagliata che il cliente naturalmente non accetterà.

Ora che sapete quali domande fare, vediamo quali sono le aree nelle quali indagare. Però prima di passare a questo argomento voglio farvi una domanda: considerando la grande utilità delle domande aperte e delle domande spalancate, a che cosa servono le domande chiuse?

Servono per verificare se avete capito esattamente quello che il cliente vi ha detto; si tratta cioè di quesiti di verifica. Vi faccio un esempio:

VENDITORE: «Perché, signor Rossi, per i suoi risparmi preferisce investire in B.O.T.?» (domanda aperta).

CLIENTE: «Perché sono un investimento tranquillo».

V: «Cosa significa per lei investimento tranquillo?» (domanda spalancata).

C: «Significa che posso ritirare i miei soldi quando voglio».

V: «Quindi se ho capito bene lei investe in B.O.T. perché così può sentirsi libero di svincolarsi quando vuole, ho capito bene?» (domanda chiusa).

C: «Sì».

Quindi domande chiuse per capire se abbiamo capito e non, come si può credere, per verificare se il cliente ha capito!

Torniamo ora alle aree d'indagine della vostra intervista. Sono sostanzialmente tre:

- la situazione personale;
- la situazione lavorativa;
- la situazione patrimoniale.

All'interno di queste tre aree è importante conoscere altri elementi. Per quanto riguarda la **situazione personale**:

1. l'età e la composizione del nucleo familiare;
2. eventuali responsabilità economiche nei confronti di altre persone;
3. il tenore di vita attuale;
4. i progetti e i programmi futuri.

Per quanto riguarda la **situazione lavorativa**:

1. che tipo di professione svolge (autonoma o dipendente);
2. eventuali rischi connessi all'attività;
3. il reddito derivante dall'attività;
4. le eventuali attività dei familiari;
5. progetti futuri riguardo all'attività.

Per quanto riguarda la **situazione patrimoniale**:

1. le abitudini di risparmio (come investono);
2. le quote di risparmio disponibili;
3. l'ammontare dei risparmi;
4. *perché risparmiano?*

Quest'ultima domanda è in evidenza perché riveste un'importanza fondamentale, in quanto vi permette di conoscere eventuali progetti futuri che ancora non erano emersi e, quel che più conta, quali sono le *paure* del cliente.

SEGRETO n. 11: usate le domande in modo corretto, sia per scoprire la situazione attuale del cliente, sia per conoscere quella desiderata. Le domande aperte, e ancor di più quelle spalancate, sono quelle adatte a tale scopo.

Analizzate ora le due interviste che seguono.

Intervista n. 1

VENDITORE: «Buongiorno signor Verdi, sono Rossi, Marco Rossi della Serena Assicurazioni, e sono qui per informarla circa le nostre proposte».

CLIENTE: «Prego, dica pure, ma guardi che non ho nessuna intenzione di stipulare assicurazioni».

V: «Non è questo il mio scopo, come le ho detto sono qui per informarla circa le nostre proposte».

C: «Va bene, mi dica».

V: «Cosa ne pensa dell'attuale sistema pensionistico?»

C: «Non mi fido per nulla».

V: «Non è il solo; ed è per questo che la nostra compagnia ha creato un programma di risparmio fatto apposta per garantire una pensione al completamento del periodo lavorativo».

C: «Ma lei crede che io sia uno sprovveduto? Per cosa pensa che io fatichi diciotto ore al giorno nella mia officina? Proprio per garantirmi un futuro tranquillo».

V: «Sono d'accordo con lei, ma sicuramente il suo lavoro comporta dei rischi».

C: «Per esempio?»

V: «Be'! Il suo è un lavoro pericoloso; cosa accadrebbe alla sua famiglia se le capitasse qualcosa che le impedisse di lavorare o peggio ancora se lei dovesse mancare?»

C: «Siete proprio tutti uguali voi assicuratori, sempre a parlare di morte e di disgrazie, sono discorsi che non mi piacciono proprio».

V: «La capisco, sono argomenti poco simpatici, ma non è certo facendo finta di niente che si risolve il problema».

C: «Guardi che io non faccio finta di niente. So che le cose possono capitare, ma credo molto nel destino e poi le ho detto che non mi piace parlare di queste cose».

V: «Se non parliamo di queste cose, di cosa vuole che parliamo signor Verdi? Sono un assicuratore e questo è il mio lavoro. Mi permetto d'insistere, ma credo che lei dovrebbe tutelarsi per eventuali infortuni o malattie, con poca spesa risolverebbe il suo problema e vivrebbe più sereno. Senta, io le preparo un preventivo e poi lei deciderà».

C: «Le ho detto da subito che non ho nessuna intenzione di fare polizze».

V: «Le faccio solo un preventivo, così potrà rendersi conto di quanto poco ci vuole per stare tranquilli».

C: «Va bene, mi faccia questo preventivo e me lo faccia avere. Poi se mi interessa ci risentiremo».

V: «Grazie, a risentirci».

Rispondete ora a queste domande:

- il venditore si è interessato del cliente?
- Ha ottenuto informazioni?
- Ha mostrato rispetto per le idee del cliente?
- È stato onesto e trasparente?
- Ha elementi per formulare una proposta vantaggiosa per il cliente?

- Quante probabilità ha di concludere un affare?

Intervista n. 2

VENDITORE: «Buongiorno signor Verdi, sono Rossi, Marco Rossi della Serena Assicurazioni. Prima di spiegarle i motivi della mia visita desidero ringraziarla per l'opportunità che mi ha offerto di poter svolgere il mio lavoro. Innanzi tutto vorrei sapere se lei conosce già la nostra compagnia».

CLIENTE: «Sì».

V: «In che modo la conosce e che idea se n'è fatto?»

C: «Ho diversi amici che sono assicurati con voi e si sono sempre trovati bene, per cui ne ho una buona opinione».

V: «Mi fa molto piacere signor Verdi. Naturalmente, lo scopo della mia visita è quello di poterla avere tra i miei clienti; certo mi rendo benissimo conto che ciò potrà accadere solo se sarò in grado di farle delle proposte vantaggiose e che le permettano di guadagnarci. La nostra compagnia dispone di prodotti validi e che potrebbero risultare per lei molto vantaggiosi. Dico potrebbero in quanto non conoscendola non ne posso avere ora la certezza, anche perché ogni persona è diversa dall'altra e ha caratteristiche sue particolari. Per capire se e quali tra i nostri prodotti possono essere vantaggiosi per lei, mi è indispensabile conoscerla meglio, e per fare questo le rivolgerò qualche domanda. Sulla base delle sue risposte, studierò una proposta che le sia vantaggiosa. Dovrei metterci qualche giorno, poi potremo rivederci per esaminarla insieme, e se anche lei la dovesse trovare interessante mi aspetto di poterla avere da subito tra i miei clienti. Che cosa le piace di più di questo modo di procedere?»

C: «Mi sembra che lei sia stato molto chiaro e diretto».

V: «Molto bene signor Verdi, che lavoro svolge?»

C: «Sono proprietario di questa officina, l'ho acquistata tre anni fa e quindi le lascio immaginare quanti sacrifici economici devo affrontare per poterla pagare tutta».

V: «Quanto le resta da versare?»

C: «Ho ancora un debito di circa 100.000 euro che sto rimborsando a rate di 6000 euro al mese».

V: «Come mai ha deciso questo acquisto?»

C: «Perché ero stanco di fare il dipendente, volevo una mia attività, che mi garantisse un futuro tranquillo e che potesse anche essere un'eventuale opportunità di lavoro per mio figlio».

V: «A proposito, signor Verdi, com'è composta la sua famiglia?»

C: «Siamo io, mia moglie e un figlio di dieci anni».

V: «Sua moglie che attività svolge?»

C: «Fa la casalinga e mi aiuta un po' nella contabilità dell'officina».

V: «Ho capito signor Verdi. Lei prima mi ha detto che ha acquistato perché era stanco di fare il dipendente e per garantirsi un futuro tranquillo. Quali altri progetti vorrebbe realizzare?»

C: «Mi piacerebbe acquistare la casa dove vivo».

V: «Che investimento comporterebbe la realizzazione di questo progetto?»

C: «Oltre 200.000 euro».

V: «Attualmente quanto le manca per realizzare questo progetto?»

C: «Circa il cinquanta percento»

V: «Che reddito le garantisce la sua officina, signor Verdi?»

C: «Circa 30.000 euro al mese».

V: «Quindi, se ho capito bene, il suo reddito ammonta a circa 30.000 euro al mese dal quale verranno tolti 6000 per pagare l'officina e il resto è risparmio, ho capito bene?»

C: «Non proprio, ci sono le tasse, le spese di famiglia e altro».

V: «Quindi, in definitiva, quanto riesce a risparmiare mensilmente?»

C: «Circa 15.000 euro».

V: «Complimenti! Perciò al massimo entro un anno potrà realizzare il sogno di acquistare la casa dove vive?»

C: «Non credo proprio, perché non tutto quello che risparmio lo posso destinare alla casa. Magari potessi!»

V: «Che cosa glielo impedisce signor Verdi?»

C: «Come le ho detto prima, sono il solo a mandare avanti l'officina e se mi capitasse qualcosa si fermerebbe tutto; perciò mi serve un capitale che mi lasci tranquillo per qualsiasi evenienza».

V: «Cosa intende per qualsiasi evenienza?»

C: «Qualsiasi cosa. Il mio è un lavoro pericoloso; metta che un incidente mi costringesse all'immobilità o, peggio ancora, provocasse la mia morte».

V: «Che capitale le servirebbe signor Verdi per poter stare tranquillo?»

C: «Almeno 300.000 euro».

V: «E di quanto dispone oggi per quelle eventualità?»

C: «Circa 100.000 euro».

V: «Quindi, se ho capito bene, aggiungendo ai suoi risparmi questi 100.000 euro lei ha da parte in totale 200.000 euro, per cui se volesse potrebbe acquistare la sua casa già da oggi. È così, signor Verdi?»

C: «È così, ma per me non lasciare problemi alla mia famiglia in caso di disgrazia è più importante che acquistare la casa. Con il tempo e la salute farò anche quello».

V: «Se ci fosse un mezzo che le permettesse di far stare tranquilla la sua famiglia in caso di disgrazia e nello stesso tempo di acquistare la sua casa lei lo sfrutterebbe?»

C: «Certo, ma a cosa sta pensando?»

V: «In questo momento a niente di preciso, lo farò quando tornerò in ufficio e rivedrò con maggior calma le informazioni che lei mi ha dato. Fra qualche giorno ci rivedremo, se avrò trovato una proposta la esamineremo insieme e se la troverà vantaggiosa mi aspetto che lei diventi mio cliente. Per il nostro appuntamento preferisce giovedì o venerdì?»

C: «Giovedì».

V: «Mattina o pomeriggio?»

C: «Meglio la mattina verso le 10.00».

V: «D'accordo, signor Verdi. Allora ci vediamo giovedì alle 10.00».

Ora, nuovamente, rispondete a queste domande:

- il venditore si è interessato al cliente?

- Ha ottenuto informazioni?
- Ha dimostrato rispetto per le idee del cliente?
- È stato onesto e trasparente?
- Ha acquisito elementi per formulare una proposta che sia vantaggiosa per il cliente?

Prima provate voi a ricercare le differenze fra le due interviste:

____

____

____

____

E adesso facciamo insieme alcune considerazioni sulle differenze sostanziali tra le due interviste.

Nella prima intervista:

- L'assicuratore cerca di creare nel cliente delle paure, e la reazione naturale è che questi si chiude e risponde con diffidenza. C'è differenza tra il dirsi che si è un po' sovrappeso e sentirsi dire che si è un po' grassi. Quale delle due situazioni vi disturba maggiormente? Che sentimenti suscita in voi chi vi dice che siete un po' grassi?

- L'assicuratore non ha ricavato informazioni, per cui potrà fare una proposta calibrata su quelle che *lui* ritiene essere le necessità del cliente; proporrà una soluzione che *lui* adotterebbe per se stesso se fosse nella situazione del cliente (ma lui non è il cliente!).

Nella seconda intervista, invece, l'assicuratore ha tutte le informazioni necessarie per dare al cliente ciò che lo stesso desidera:

- L'assicuratore non cerca di "spaventare" l'interlocutore prospettandogli disgrazie varie, ma fa dire a lui quali sono i suoi timori, lo guida a manifestare le sue preoccupazioni e lo fa aprire;
- L'assicuratore ha ricavato tutte le informazioni utili, non solo dal punto di vista qualitativo (paure, progetti ecc), ma anche dal punto di vista quantitativo, e cioè quante sono le disponibilità economiche del cliente, quanto serve al cliente per realizzare i suoi progetti e a quanto deve ammontare il capitale che lo lascerebbe tranquillo in caso degli imprevisti da lui stesso indicati.

Questo procedimento è ciò che serve per aiutare il cliente a riconoscere i suoi bisogni, e se è lui a riconoscerli non potrà più negarli nel prosieguo della trattativa. Come abbiamo visto, il vero segreto è nelle domande e nel modo in cui si pongono.

Molti, durante i miei corsi, mi chiedono se è utile avere una lista di domande da fare. Voglio rispondere con una domanda. Se dovete seguire una lista di domande, su cosa vi concentrerete? Sulle domande da fare. Ma voi, nella fase d'intervista con il cliente, volete ricercare informazioni. Bene, se siete concentrati sulle domande da fare, quanta attenzione pensate di poter dedicare ad ascoltare le risposte ricevute? Quante informazioni sarete in grado di raccogliere? La risposta è sin troppo scontata. Poche! Quindi, correte il rischio di tornare dalla vostra visita senza le informazioni indispensabili per formulare una risposta precisa.

In definitiva, è sufficiente avere sempre presenti le aree da esplorare; le domande che farete dovranno scaturire di volta in volta sulla base delle risposte che riceverete.

Questo comportamento vi porterà un duplice vantaggio:

- maggior concentrazione sulle risposte del cliente (e quindi la sensazione per lo stesso di ricevere attenzione);
- l'intervista assumerà i connotati di un dialogo e non di un interrogatorio e pertanto anche la relazione ne trarrà beneficio.

Se ritenete comunque di poterne avere la necessità, almeno nei primi tempi, vi propongo queste dieci domande che io considero indispensabili:

1. «Parliamo un po' della sua famiglia, com'è composta?»
2. «Mi parla un po' del suo lavoro?»
3. «A oggi, qual è la sua situazione patrimoniale?»
4. «Al momento, qual è la sua situazione assicurativa?»
5. «Tornando al suo lavoro, quanto guadagna annualmente?»
6. «E quanto riesce a risparmiare?»
7. «Per quali ragioni risparmia?»
8. «Quali sono gli obiettivi che desidera raggiungere?»
9. «E che somma mette a disposizione per raggiungerli?»
10. Domanda di riepilogo.

Vediamole ora una alla volta, insieme alle ragioni per cui le considero indispensabili:

1. «Parliamo un po' della sua famiglia, com'è composta?»
   È quasi superfluo ricordare l'importanza di conoscere la situazione familiare del nostro interlocutore; semplicemente, l'attenzione va indirizzata soprattutto verso le responsabilità economiche che lo stesso avverte nei confronti della famiglia, che non è rappresentata solo da moglie e figli, ma da tutte quelle persone della cerchia familiare per le quali si sente in qualche misura responsabile dal punto di vista economico (madre, padre, nipoti, fratelli ecc.).
2. «Mi parla un po' del suo lavoro?»
   Le informazioni che raccogliamo in questa fase sono utili per avere degli spunti che ci permettano di capire le sue ambizioni e desideri circa il lavoro e le motivazioni che lo hanno spinto verso la scelta della professione che esercita. Mettono in evidenza aspetti che potrebbero riguardare il lato "protezione" della nostra offerta.
3. «A oggi, qual è la sua situazione patrimoniale?»
   Come ogni azienda, per poter programmare e pianificare il proprio futuro, ha necessità di tenere presenti tutti gli elementi utili allo scopo e quindi redige il suo stato patrimoniale e il suo conto economico, anche l'azienda famiglia per realizzare i

suoi progetti deve conoscere bene la propria situazione complessiva dal punto di vista finanziario, l'entità delle entrate, le previsioni di uscite, l'entità dei suoi beni e dei suoi risparmi. L'azienda famiglia normalmente non ha le giuste competenze, ma se vogliamo offrire soluzioni mirate e vantaggiose spetta a noi il compito di raccogliere le informazioni necessarie.

4. «Al momento, qual è la sua situazione assicurativa?»
   In questo caso, oltre a raccogliere le informazioni circa le coperture assicurative in essere, la nostra attenzione deve focalizzarsi sul perché della scelta di sottoscrivere prodotti assicurativi, in quanto è lì che troveremo le motivazioni per proporre nuove soluzioni, sarà inoltre importante conoscere il livello di gradimento del cliente rispetto alle scelte da lui effettuate.
5. «Tornando al suo lavoro, quanto guadagna annualmente?»
   Si tratta di una domanda che serve soprattutto a verificare il livello di fiducia che si è creato tra noi e il nostro interlocutore. E ci permette inoltre di verificare la congruenza e quindi la veridicità delle risposte dateci sino a questo punto.
6. «E quanto riesce a risparmiare?»

Conoscere la capacità di risparmio del cliente è d'importanza fondamentale per disegnare una proposta che in fase di conclusione non incontri l'ostacolo della mancanza di disponibilità economiche da parte del cliente.

7. «Per quali ragioni risparmia?»

   Chiunque risparmia lo fa per una ragione, e molto spesso si risparmia anche per il "non si sa mai", utilizzando forme improprie per "assicurarsi". Scoprire quali imprevisti il cliente teme indirizza la nostra proposta nella corretta direzione, consentendoci di presentare soluzioni che gli permettano di liberare i risparmi per destinarli alla realizzazione dei suoi obiettivi.

8. «Quali sono gli obiettivi che desidera raggiungere?»

   Senza queste informazioni non ha valore tutto ciò che siamo riusciti a sapere del cliente. Il nostro compito è infatti quello di trovare soluzioni che, partendo dalla situazione attuale aiutino il cliente a raggiungere la sua situazione desiderata. I suoi obiettivi, di qualsiasi natura essi siano. Solo in questo modo noi rappresenteremo per lui un "vantaggio".

9. «E che somma mette a disposizione per raggiungerli?»

   Fare delle proposte senza conoscere le disponibilità

economiche che ci vengono messe a disposizione sarebbe come voler tagliare un abito senza prendere le misure, sperando che vada bene lo stesso. Nel nostro lavoro non vogliamo speranze di successo, ma certezze di successo, e pertanto questa domanda è indispensabile. E, maggiore è la precisione della risposta che otterremo, maggiori saranno i benefici per il cliente.

10. Domanda di riepilogo.
    «Quindi se ho capito bene signor ......» Si tratta volutamente di una domanda chiusa, in quanto serve per verificare se abbiamo compreso bene i veri obiettivi del cliente al fine di formulare una proposta precisa e mirata.

Alcune di queste domande possono sembrarvi "indiscrete", soprattutto quelle che hanno a che vedere con il risparmio e il guadagno. Ebbene sì, *sono* indiscrete e *devono* esserlo perché il nostro compito è quello di dare risposte precise ai bisogni del cliente; se non li conosciamo con esattezza daremo risposte vaghe e pertanto poco utili.

Del resto nessuno giudica "indiscreto" un medico quando pone domande, a volte anche imbarazzanti, per capire che cura proporci. Quello che di solito ci fa sentire indiscreti è la scarsa considerazione che abbiamo del nostro ruolo. Dobbiamo essere fieri di fare gli intermediari assicurativi e trasmettere questo nostro orgoglio anche ai clienti, interpretandolo con serietà e convinzione. A quel punto nessuna nostra domanda sembrerà "indiscreta" o fuori luogo.

SEGRETO n. 12: cercate informazioni più che notizie. Le notizie vi descrivono una caratteristica o una scelta del cliente. Le informazioni vi spiegano il perché della scelta, ed è questo ciò di cui avete necessità per essere sicuri di fare una proposta gradita.

Sino a questo punto ci siamo concentrati sulla richiesta di informazioni riguardo alla realtà del cliente, ma un'intervista potrà dirsi completata quando sarete riusciti a conoscere anche i criteri che il vostro interlocutore usa abitualmente nel dover fare una scelta; in modo particolare a voi interessa scoprire qual è la sua **motivazione d'acquisto**.

Per poter arrivare a questo risultato è indispensabile fare un salto nel mondo della psicologia, e più precisamente in quella parte che si occupa dei bisogni. A me piace definire il bisogno come un missile sulla rampa di lancio che aspetta solo che il propulsore venga attivato. Ciò che può attivare il propulsore dei bisogni sono stimoli esterni o stimoli interni. L'attivazione del propulsore del missile "bisogno" lo lancia verso il raggiungimento dell'obiettivo. Il suo carburante è la motivazione.

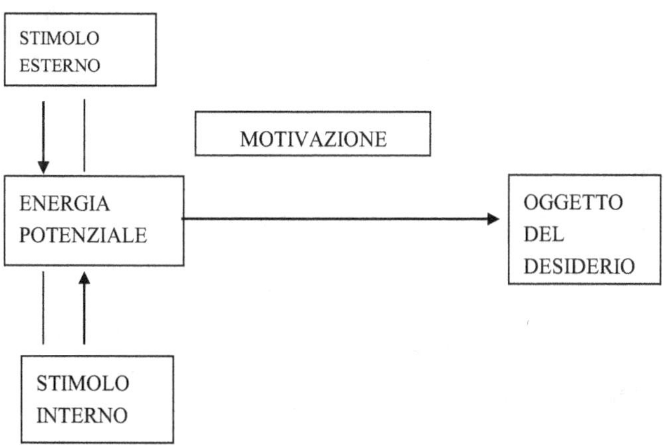

Se prendiamo ad esempio la fame, il meccanismo sarà di questo tipo: vedo una rosticceria e sento il profumo del pollo arrosto (stimolo esterno), si attiva il desiderio di mangiare (motivazione ad agire), entro in rosticceria, acquisto il pollo e lo mangio (soddisfacimento del bisogno).

Ho parlato prima di forma più essenziale, in quanto tale meccanismo funziona sempre in questo modo per quanto riguarda gli animali, mentre nell'uomo fanno la loro comparsa degli elementi nuovi: **i valori personali**.

Vedrò di spiegare meglio questo concetto con un esempio.

Bisogno: fame.
Valore personale: avere un bell'aspetto fisico.
Vedo una rosticceria e sento il profumo del pollo arrosto (stimolo esterno). Si attiva il desiderio di mangiare che però va a scontrarsi con la mia esigenza di non esagerare con il cibo perché voglio mantenere un bell'aspetto fisico (valore personale).

A questo punto ho tre possibili alternative:
- ignoro il mio valore personale ed entro in rosticceria, acquisto il pollo e lo mangio;

- considero il mio valore personale e rinuncio a mangiare il pollo;
- considero sia il mio valore personale che il mio appetito e ripiego su una barretta energetica (alternativa).

Rispettare nelle vostre proposte i valori del vostro cliente è fondamentale per il buon esito della trattativa. In caso contrario il risultato che otterremo sarà probabilmente un "ci penso" o un "no".

SEGRETO n. 13: scoprite quali sono i valori del cliente. Per quanto buone possano essere le vostre proposte, non saranno mai accettate se non in linea con essi.

Oltre al discorso dei valori personali del cliente, ci sono altre variabili psicologiche che occorre considerare in merito alla motivazione all'acquisto. Non tutti quelli che comprano un certo bene lo fanno spinti dalla stessa motivazione; per alcuni le scelte sono sempre, o quasi, determinate da quella che viene definita "fuga dal dolore" e per altri, invece, sono determinate da quella che viene definita "ricerca del piacere".

Vi faccio un esempio per semplificare questo concetto. Due persone diverse decidono di acquistare lo stesso modello di automobile. La prima lo fa in alternativa all'acquisto di un'altra determinata auto che produce fastidiosi rumori tipici di quel modello (fuga dal dolore); la seconda perché pregusta già il piacere di presentarsi agli amici con l'auto nuova (ricerca del piacere).

Riportandolo al nostro argomento specifico, le polizze di assicurazione, ci sono persone che decidono la sottoscrizione, per esempio, di una polizza di rimborso spese ospedaliere perché non sopportano l'idea di stare nella camerata di un ospedale pubblico (fuga dal dolore), mentre altre lo fanno perché così potranno scegliere la clinica che preferiscono (ricerca del piacere).

Scoprire questi aspetti significa sapere quali tasti premere nel momento in cui sarà necessario "spingere" il cliente ad accettare le vostre proposte. Mi immagino già la vostra domanda: «Ma come si fa a scoprire queste cose?» Come sempre la risposta la conoscete già, ma forse non vi siete presi abbastanza tempo per riflettere.

Vediamo dunque di dare una risposta alla vostra domanda seguendo un percorso logico. In che momento emergono gli aspetti della personalità di cui abbiamo parlato prima? Naturalmente nel momento in cui le persone si trovano a dover operare delle scelte. Per cui in fase d'intervista su cosa si dovrà indagare? Sul perché delle scelte fatte in passato dal nostro interlocutore. Vediamone qualche esempio:

VENDITORE: «Signor Rossi, la casa in cui vive è di sua proprietà?»

CLIENTE: «Sì».

V: «Cosa l'ha spinta ad acquistarla?»

C: «Mi ero stancato dei continui aumenti di affitto con in più il rischio di essere sfrattato da un momento all'altro, e inoltre ero esasperato dal traffico della città. Una cosa insopportabile».

Questo cliente è stato spinto all'acquisto dalla ricerca del piacere o dalla fuga dal dolore? Dalla fuga dal dolore. Se altre risposte dovessero confermare questa tendenza, in fase di proposta spingeremo il cliente a fare una scelta motivata dalla fuga dal dolore.

Ecco un esempio di proposta efficace in questo caso: «Bene, signor Rossi, le suggerisco di sottoscrivere questa polizza di rimborso spese ospedaliere, così non dovrà più sopportare le lunghe code per la prenotazione e non correrà il rischio di finire in una camerata sovraffollata, piena di gente che si lamenta in continuazione».

Se avessimo invece incontrato un cliente mosso dalla ricerca del piacere gli avremmo proposto la stessa polizza nel seguente modo: «Bene, signor Verdi, le suggerisco di sottoscrivere questa polizza in quanto le permetterà, se ne avrà la necessità, di poter scegliere la clinica migliore a disposizione, potrà avere una camera tutta per sé, con tutti i comfort che desidera e un'assistenza di prima qualità».

È importante considerare che normalmente le persone attuano dei cambiamenti sulla spinta della fuga dal dolore più che per la ricerca del piacere. Questo comportamento lo possiamo notare per esempio nella decisione di iniziare una dieta dimagrante (la motivazione è normalmente un malessere per il proprio aspetto fisico) oppure nello smettere di fumare (la motivazione è spesso data dal desiderio di non avvertire più dei disturbi o dal timore della malattia).

Si è anche però notato che i nuovi comportamenti scelti non durano nel tempo: una volta raggiunto il risultato desiderato (come la perdita di peso per la dieta o un ritrovato benessere per l'interruzione del fumo) si tende a riprendere il vecchio comportamento.

Questo fenomeno si può spiegare con la mancanza di un'associazione tra il nuovo comportamento e la sensazione di piacere che questo procurerà.

Cerco di spiegarmi con un esempio. Smetto di fumare perché mi ritrovo senza fiato tutte le volte che faccio una rampa di scale. Dopo alcuni mesi questo inconveniente non si presenta più, sto meglio e pertanto il meccanismo di fuga dal dolore non può più reggere, visto che non provo più dolore, così riprendo a fumare.

Se alla mia decisione di smettere di fumare avessi associato dei benefici (profumo più gradevole della mia persona e maggior desiderio degli altri a starmi vicino, maggior piacere per i miei figli nel ricevere i miei abbracci e i miei baci, miglioramento dell'intimità con la mia partner) caduta la motivazione dettata dalla fuga dal dolore sarebbe subentrata quella data dalla ricerca del piacere.

Nel nostro lavoro tutto ciò si può tradurre in questo modo: far leva sulle paure del cliente perché prenda la decisione di sottoscrivere una polizza e subito dopo fare in modo che egli provi il piacere generato dalla sua scelta. Questo doppio procedimento garantisce la soddisfazione, nel tempo, circa la scelta effettuata e di conseguenza la possibilità di concludere nuovi affari.

RIEPILOGO DEL CAPITOLO 4:

- SEGRETO n. 10: scoprite l'esigenza del cliente, dove per esigenza s'intende ciò che serve per passare da ciò che ha a ciò che desidera avere.
- SEGRETO n. 11: usate le domande in modo corretto, sia per scoprire la situazione attuale del cliente, sia per conoscere quella desiderata. Le domande aperte, e ancor di più quelle spalancate, sono quelle adatte a tale scopo.
- SEGRETO n. 12: cercate informazioni più che notizie. Le notizie vi descrivono una caratteristica o una scelta del cliente. Le informazioni vi spiegano il perché della scelta, ed è questo ciò di cui avete necessità per essere sicuri di fare una proposta gradita.
- SEGRETO n. 13: scoprite quali sono i valori del cliente. Per quanto buone possano essere le vostre proposte, non saranno mai accettate se non in linea con essi.

CAPITOLO 5:
Come proporre soluzioni con il metodo delle cinque colonne (terza mossa)

Si tratta di una fase relativamente semplice, se avete condotto una buona intervista di conoscenza del cliente, ma nello stesso tempo delicata in quanto dovete far comprendere appieno i vantaggi di ciò che proponete. È molto facile in questa fase cadere nell'errore di fare confusione tra caratteristiche e vantaggi della vostra proposta.

Cercherò di chiarire meglio questo concetto con un esempio. Secondo voi, il fatto che le polizze vita siano fiscalmente detraibili è una caratteristica o un vantaggio? Se avete risposto "caratteristica" complimenti. Se avete risposto "vantaggio" vi racconto un episodio che mi è capitato nei primi anni della mia attività di assicuratore.

Mi presentai da una signora interessata a trovare una soluzione che le permettesse di avere una rendita certa a sessantacinque anni. Naturalmente le proposi una polizza di rendita, illustrandole i vantaggi di tale soluzione per la realizzazione del suo obiettivo.

La proposta incontrò il suo gradimento ed era pronta per sottoscrivere il contratto. A quel punto, per dare ancora più valore alla mia proposta, le dissi che poteva anche detrarre il premio dal modello 740 e risparmiare 600.000 lire di IRPEF. A questa mia spiegazione la signora si fece pensierosa e mi disse che lei il modello 740 non lo presentava.

Le spiegai che non era un problema, in quanto poteva cominciare a farlo da quel momento, dopotutto 600.000 lire di risparmio erano una bella cifra. La sua espressione si fece ancor più pensierosa. Le chiesi allora perché fosse così preoccupata e lei mi rispose che non le andava a genio l'idea di rivolgersi a un commercialista.

Per superare il problema le dissi che la detraibilità fiscale era una possibilità ma non un obbligo, per cui poteva tranquillamente rinunciarvi, così da non essere costretta a compilare il modello

740. Mi rispose che la cosa non le piaceva in quanto avrebbe dovuto rinunciare a 600.000 lire di risparmio e mi chiese un po' di tempo per rifletterci. Dopo qualche giorno mi comunicò che non intendeva stipulare la polizza per non perderci 600.000 lire!

Ecco come una caratteristica "detraibilità fiscale", che nulla ha a che vedere con la possibilità di avere una rendita a sessantacinque anni, non solo non si era rivelata un vantaggio, ma aveva inizialmente rappresentato un motivo di preoccupazione e poi addirittura una perdita.

Qualsiasi bene o servizio voi vendiate ha delle caratteristiche che sono uguali per ogni acquirente. I vantaggi, al contrario, sono i benefici che le caratteristiche possono procurare all'acquirente e quindi variano da persona a persona. La vostra proposta dovrà essere centrata sui vantaggi che il vostro cliente può ricavare, e più la proposta sarà personalizzata e specifica (vi ricordate che cosa avevate promesso in fase di approccio?) maggiori saranno le possibilità di concludere con successo la trattativa.

SEGRETO n. 14: fate una proposta che soddisfi pienamente

le richieste che il cliente ha formulato nella fase dell'intervista, sia in termini di contenuti, sia nel linguaggio da lui utilizzato.

Nel tempo ho sperimentato un metodo, quello delle cinque colonne, che si è rivelato molto efficace in quanto guida il cliente attraverso un percorso logico e di facile comprensione delle proposte e dei loro vantaggi.

Obiettivo	Azione presente	Condizioni di perdita dell'azione presente	Proposta	Vantaggi

In ciascuna colonna bisogna indicare:

- **obiettivo**: tutti gli obiettivi che sono stati rilevati nella fase di "scoperta";
- **azione presente**: ciò che il cliente sta facendo per raggiungere i propri obiettivi;
- **condizioni di perdita dell'azione presente**: punti di debolezza delle scelte del cliente che potrebbero mettere a rischio il raggiungimento dei suoi obiettivi;
- **proposta**: quella che il consulente ritiene più vantaggiosa per il cliente;
- **vantaggi**: i benefici della soluzione proposta in relazione agli obiettivi del cliente. Per avere la massima efficacia, questi devono annullare tutti i punti di debolezza indicati nella colonna "Condizioni di perdita dell'azione presente". **Il cliente compera vantaggi e non caratteristiche**.

SEGRETO n. 15: i prodotti non si dividono tra buoni o cattivi, ma tra vantaggiosi e non vantaggiosi. Il cliente non acquista dei prodotti ma i vantaggi che questi gli procurano.

Vediamo come utilizzare lo schema delle cinque colonne nel caso del cliente della prima intervista, quello che voleva acquistare la casa, che aveva i soldi necessari, ma che non li poteva utilizzare perché bloccati per il "non si sa mai".

Nella colonna "obiettivo" metteremo:

1. copertura per il "non si sa mai" (morte o impossibilità di lavorare per grave malattia o infortunio) per almeno 300.000 euro;
2. acquisto casa del valore di 200.000 euro.

Nella colonna "azione presente" metteremo:

1. in corrispondenza della copertura per il "non si sa mai": risparmi per 100.000 euro;
2. in corrispondenza dell'acquisto casa: risparmio di 100.000 euro per un risparmio mensile di 15.000 euro.

Nella colonna "condizioni di perdita dell'azione presente" metteremo:

1. in corrispondenza della copertura per il "non si sa mai" la condizione di perdita è la scopertura di 200.000 euro rispetto alla somma considerata di sicurezza;
2. in corrispondenza dell'acquisto casa la possibilità di una

svalutazione del risparmio nei prossimi due anni, per cui potrebbero occorrere più soldi per l'acquisto.

Nella colonna "proposta" metteremo:

1. in corrispondenza della copertura per il "non si sa mai" una polizza per invalidità permanente da infortunio e malattia per 300.000 euro e una polizza temporanea in caso di morte per altri 300.000 euro;
2. in corrispondenza dell'acquisto della casa nessuna proposta.

Nella colonna "proposta vantaggi" segneremo:

1. in corrispondenza della copertura per il "non si sa mai", il vantaggio di avere un fondo adeguato alle esigenze e la possibilità di smobilizzare i 100.000 euro;
2. in corrispondenza dell'acquisto casa, il vantaggio di poter utilizzare i 100.000 euro liberati grazie alle polizza di assicurazione e di poter realizzare da subito il sogno dell'acquisto.

La tabella finale si presenterebbe così:

Obiettivo	Azione presente	Condizioni di perdita dell'azione presente	Proposta	Vantaggi
Copertura per il "non si sa mai" (impossibilità di lavorare per grave malattia o infortunio o morte) 300.000 €	Risparmi per 100.000 €	Scopertura di 200.00 € rispetto alla somma considerata di sicurezza	Polizza per invalidità permanente da infortunio e malattia per 300.000 € e polizza temporanea in caso di morte per 300.000 €	Copertura adeguata alle esigenze e la possibilità di liberare i 100.000 € di risparmi
Acquisto casa per 200.000 €	Risparmio 100.000 € Risparmio mensile di 15.000 €	Possibilità di svalutazione del risparmio nei prossimi due anni ed eventuale necessità di più soldi per l'acquisto		Poter utilizzare i 100.000 € smobilizzati grazie alle polizza per realizzare da subito l'acquisto

Perché vi possiate rendere meglio conto di cosa significhi fare una proposta personalizzata, leggete questa presentazione fatta al vostro cliente, il meccanico signor Verdi.

VENDITORE: «Buongiorno signor Verdi, così come da accordi

presi, ho studiato le informazioni che lei mi aveva fornito nel corso del nostro precedente incontro e ho elaborato una proposta. Prima però di presentargliela vorrei riepilogare quanto già detto. Se ho ben capito lei ha acquistato la sua officina per avere un futuro più tranquillo e creare una possibilità di lavoro per suo figlio. Ho inteso bene?»

CLIENTE: «Sì, è così».

V: «Per l'officina le restano ancora da pagare 100.000 euro che lei sta rimborsando con rate di 6000 euro al mese; desidera inoltre acquistare la casa dove vivete, che costa circa 200.000 euro dei quali 100.000 li avete già da parte. Avete inoltre altri 100.000 euro che sono pari a un terzo circa di quello che lei ritiene indispensabile per la sua famiglia nel caso in cui un incidente le impedisse per sempre di lavorare o peggio ancora se dovesse morire; e se non ci fosse questa necessità di sicurezza lei potrebbe utilizzare quei 100.000 euro e comprare da subito la vostra casa. È tutto giusto sin qui signor Verdi?»

C: «Sì».

V: «Lei, signora, ha qualcosa da aggiungere a quanto detto da suo marito?»

MOGLIE: «No, sono pienamente d'accordo con lui».

V: «Bene signor Verdi, la proposta che ho pensato per lei è composta da una polizza che le assicura un capitale di 300.000 euro in caso d'invalidità permanente da infortunio e una polizza che assicuri a sua moglie e a suo figlio un capitale di 300.000 euro in caso di morte sua. Con questa soluzione avrete la possibilità di ottenere da subito quella sicurezza in caso d'incidente o di morte che ora avete solo per il trentatré percento, e cioè per quei 100.000 euro messi da parte per questa ragione, e inoltre avreste da subito la possibilità di utilizzarli per acquistare la vostra casa. Che cosa ne pensate, signori Verdi?»

Questo è ciò che s'intende per proposta personalizzata. Avete notato come tutta la presentazione della soluzione sia stata fatta tenendo conto delle specifiche esigenze manifestate dal cliente e come i termini utilizzati per esporla siano stati esattamente gli stessi utilizzati dal cliente nel fornire le informazioni nel corso dell'intervista?

SEGRETO n. 16: presentare una proposta vantaggiosa per il cliente è utile, ma è fondamentale proporgliela con un metodo che lo guidi razionalmente.

La richiesta di accordo sugli obiettivi, espressi dal marito, fatta alla moglie ha lo scopo di verificare l'esistenza di eventuali esigenze che non fossero emerse durante la fase dell'intervista nella quale la moglie non era presente. La presentazione di una proposta coerente e rispondente ai desideri espressi dal cliente si può concludere in un solo modo: la firma del contratto!

RIEPILOGO DEL CAPITOLO 5:

- SEGRETO n. 14: fate una proposta che soddisfi pienamente le richieste che il cliente ha formulato nella fase dell'intervista, sia in termini di contenuti, sia nel linguaggio da lui utilizzato.
- SEGRETO n. 15: i prodotti non si dividono tra buoni o cattivi, ma tra vantaggiosi e non vantaggiosi. Il cliente non acquista dei prodotti ma i vantaggi che questi gli procurano.
- SEGRETO n. 16: presentare una proposta vantaggiosa per il cliente è utile, ma è fondamentale proporgliela con un metodo che lo guidi razionalmente.

CAPITOLO 6: Come concludere la vendita utilizzando le obiezioni del cliente (quarta mossa)

Per introdurre l'argomento della chiusura della vendita desidero ora farvi un esempio che esula dal campo assicurativo, ma che conferma l'efficacia del metodo che state apprendendo.

Leggete questa trattativa tra il proprietario di un negozio di abbigliamento e un possibile cliente:

CLIENTE: «Buongiorno».

VENDITORE: «Buongiorno, in cosa posso esserle utile?»

C: «Sto cercando un abito per partecipare a un matrimonio».

V: «Ha già un'idea di ciò che desidera?»

C: «Non proprio; vorrei qualcosa che mi faccia fare bella figura e che non costi troppo».

V: «Considerando che abbiamo un'ampia gamma di possibilità, posso farle alcune domande per capire qual è la soluzione migliore e più conveniente per lei?»

C: «Prego, faccia pure».

V: «Partecipa a questo matrimonio come invitato o come testimone?»

C: «Come semplice invitato».

V: «In che data si svolgerà la cerimonia?»

C: «Il 18 luglio».

V: «E a che ora?»

C: «Alle 18.00, e poi ci sarà la cena».

V: «Andrà solo o sarà accompagnato?»

C: «Perché lo vuol sapere?»

V: «Comprendo che la domanda la lasci un po' perplesso; il motivo per cui gliel'ho fatta è che se va in compagnia di una signora, per esempio, è importante che i vostri abiti si armonizzino».

C: «Sì, certo; ci vado con mia moglie».

V: «Lei sa già che abito indosserà sua moglie?»

C: «Non ne ho la più pallida idea».

V: «Che cosa intende esattamente per "fare bella figura"?»

C: «Be'! È che, come può vedere, ho un po' di pancia e inoltre non sono abituato a indossare abiti eleganti, per cui vorrei evitare di dare l'impressione di essere a disagio o sembrare sgraziato».

V: «C'è qualche colore particolare che non le piace?»

C: «Sì, il grigio e il verde».

V: «Allora, riassumendo, se ho ben capito lei deve partecipare come invitato a un matrimonio che si terrà il 18 luglio alle 18.00 e che prevede una cena. Ci andrà con sua moglie, ma non sa come sarà vestita, desidera un abito che non sia grigio o verde e che le permetta di essere elegante senza farla sembrare inadeguato; mi ha detto inoltre che non desidera spendere molto. A tale proposito, qual è la sua idea di prezzo?»

C: «Intorno ai 500/600 euro».

V: «Bene, le suggerisco di provare questo. È in tessuto leggero, adatto sia a chi veste elegante per lavoro che a chi non ne ha l'abitudine, poiché ha la caratteristica di tenere bene la piega e di permettere un'ottima traspirazione, particolare molto importante d'estate, soprattutto se non si è abituati a portare la cravatta. Il colore blu l'ho scelto perché è adatto per la cena e si abbina facilmente a qualsiasi vestito decida d'indossare la sua signora. La taglia che ho pensato per lei è un 50 drop 6, una taglia studiata apposta per nascondere in modo naturale eventuali rotondità sul davanti senza per questo essere sproporzionata nelle altre parti del corpo. Vedrà che si sentirà perfettamente a suo agio nei movimenti, perché come le ho detto tiene molto bene la piega. Il colore blu, oltre a essere elegante, non è affatto appariscente, per cui le darà un aspetto di naturale eleganza. Il giorno dopo molto probabilmente nessuno si ricorderà che abito indossava, ma sicuramente ricorderanno la sua eleganza. Lo provi e mi dica cosa ne pensa».

C: «Be', in effetti è elegante e discreto, e mi sento a mio agio. Sembra fatto su misura. Quanto costa?»

V: «Solo 650 euro. Poiché non necessita di ritocchi lo ritira subito?»

C: «Sì, così lo faccio vedere a mia moglie. Per quanto riguarda la camicia e la cravatta, cosa mi consiglia?»

[Al momento dei saluti]

V: «La saluto signor Verdi; le ricordo che noi vendiamo anche abbigliamento casual, per cui sarà un piacere per noi servirla quando deciderà di fare nuovi acquisti».

Anche quest'esempio mette in evidenza l'importanza di una buona conoscenza del cliente, al fine di poter formulare una proposta personalizzata; ma quel che più conta è che con le giuste informazioni si può arrivare a una proposta così rispondente alle sue richieste che la conclusione della vendita risulta essere un fatto scontato, e inoltre si crea quella fiducia che rende possibile la continuità del rapporto nel tempo.

Anche nelle assicurazioni, come nell'esempio visto prima, il cliente non sa esattamente quale prodotto vuole (anzi, molto spesso non vuole nessun prodotto) ed è normale considerato che non è un assicuratore, ma sa esattamente quali sono i suoi desideri o bisogni non ancora soddisfatti; si tratta solo di trovare il prodotto che si combini con essi.

L'unico sforzo che dovrete fare è quello di condurre una buona intervista. Si tratta sicuramente di un compito molto impegnativo, ma se questo serve a raddoppiare il vostro volume d'affari può valerne le pena, non vi pare?

Giunti al termine della presentazione della proposta non resta altro da fare che chiedere ai clienti di firmare il contratto. Mi rendo conto che, avendo svolto correttamente il vostro lavoro nelle fasi precedenti, non ci dovrebbe neppure essere il bisogno di richiedere la firma del contratto, perché dovrebbe essere il vostro interlocutore a chiedervi dove deve firmare, ma le cose non stanno esattamente così perché nel gioco delle parti cliente/venditore la richiesta di sottoscrizione della proposta spetta all'assicuratore.

Una qualsiasi vostra incertezza in questa fase sarebbe interpretata come una dimostrazione d'insicurezza circa la validità di ciò che avete appena consigliato di fare. In definitiva, in fase di chiusura della trattativa, il cliente vi chiede di essere rassicurato sulla scelta che sta per compiere, e lo fa restando in attesa di una vostra "spinta a decidere".

Molti venditori, o per meglio dire "aspiranti tali", se la cavano egregiamente nelle prime tre mosse della trattativa, ma poi si bloccano nel momento della richiesta della firma del contratto. Eppure la cosa peggiore che può capitare è sentirsi rispondere di no.

Non ho mai conosciuto venditori malmenati perché avevano chiesto al cliente di aderire alla loro proposta, mentre ho conosciuto molti "aspiranti venditori" che per il timore di chiedere la firma hanno smesso l'attività con la convinzione che non ci fosse "mercato". Ma allora da dove nasce questo timore nella fase conclusiva della trattativa?

La risposta non va certo ricercata in una sfera razionale di supposizioni, ma nell'ambito di una reazione irrazionale. Il «no» del cliente è spesso vissuto come un fallimento o peggio ancora come un rifiuto personale. Niente di più sbagliato!!!

Prima di tutto, se volete avere successo eliminate dal vostro vocabolario il termine "fallimento". I fallimenti non esistono, esistono solo azioni che producono risultati, e questi risultati a volte corrispondono alle nostre attese e altre volte no.

Thomas Edison, l'inventore della lampadina, a un amico che, dopo l'ennesimo tentativo non riuscito, gli aveva chiesto se non si fosse ancora stancato «dopo novecentonovantanove tentativi falliti» rispose: «Di quali fallimenti stai parlando? Io ho già scoperto novecentonovantanove modi per non fare la lampadina».

Probabilmente penserete: «Io non sono Edison, e non posso certo scoprire novecentonovantanove modi per non fare una polizza, senza morire prima di fame». Sono perfettamente d'accordo con voi, quello che importa non è essere Edison, ma acquisire l'essenza positiva del suo pensiero.

Ritornando alla sensazione di essere rifiutati come persona, vi sarà sufficiente una piccola riflessione per comprendere come tale eventualità sia impossibile. Anche se doveste presentarvi da un cliente in abiti sgualciti e sporchi, un eventuale rifiuto (molto probabile peraltro) riguarderebbe l'immagine che lui si è fatto di voi, ma non la vostra persona.

Del resto come può qualcuno giudicarvi dopo un'ora di colloquio? Il massimo che potrà fare sarà valutare la vostra capacità professionale e le vostre proposte, e, dopo aver messo in pratica quanto state apprendendo, il giudizio a tale riguardo sarà sempre positivo.

E ora una buona notizia. Nella fase di conclusione di una trattativa, ogni no riferito alla vostra proposta vi mette nella posizione comoda di diventare clienti del vostro cliente. Avete mai visto la cosa da questo punto di vista? Pensateci bene:

- avete attuato un approccio corretto e il cliente vi ha dato il suo assenso a proseguire;
- avete condotto una buona intervista dalla quale sono emerse le informazioni necessarie per formulare una proposta coerente con le esigenze del vostro interlocutore;
- avete proposto al vostro interlocutore ciò che lui desidera e lui ora vi risponde: «No».

Naturalmente è liberissimo di farlo, ma adesso vi deve spiegare perché no. Vi deve vendere il suo rifiuto, e lo deve fare in modo molto convincente perché voi decidiate di acquistarlo. Le parti s'invertono e, cosa da non trascurare, il vostro cliente si deve improvvisare venditore, una parte che molto probabilmente non ha mai recitato.

SEGRETO n. 17: non abbiate paura dei no. Sono occasioni importanti per scoprire quali cose dovete migliorare.

A questo punto, l'unico strumento di cui dispone per togliersi dall'impaccio sono le **obiezioni**. Ma cosa sono le obiezioni? Sono sempre domande, talvolta esplicite e talvolta implicite, che il cliente fa per avere maggiori informazioni, e quindi dimostra un interesse a negoziare con voi, altrimenti che senso avrebbe fare delle domande? Semplicemente non è ancora del tutto convinto circa i vantaggi che potrà ricavare dall'accettare la vostra proposta.

Se siamo d'accordo che le obiezioni sono sempre domande (esplicite o implicite) di chiarimento, il metodo a mio avviso più efficace per superarle è quello che parte dalla comprensione del vero significato delle stesse.

Se il cliente afferma di volerci pensare un po' su (accade molto spesso in fase di chiusura), sta in realtà affermando che qualcosa nella vostra proposta non lo convince del tutto. Se fosse pienamente convinto di fare un affare, secondo voi, avrebbe bisogno di pensarci ancora? Se afferma che non ha soldi (altra obiezione molto comune), molto spesso sta dicendo di non voler investire in ciò che gli state proponendo, perché non lo considera un affare vantaggioso.

A questo proposito voglio raccontarvi una storiella che ho letto in un libro. Di fronte a una delle tante sale da gioco di Las Vegas, un uomo dall'aspetto molto dimesso si aggira tra i vari clienti con un cartello recante questa scritta: «Sono senza lavoro, senza casa, con una moglie e tre figli da mantenere. Aiutatemi. Anche un solo dollaro e vi sarò grato».

Gli si avvicina un signore molto distinto che gli dice: «Caro signore, io capisco perfettamente i suoi problemi e sarei disposto a darle non un dollaro, ma cento dollari, ma chi mi assicura che poi lei non andrà immediatamente a giocarseli?»

A questa affermazione il mendicante, con espressione molto risentita, estrae dalla tasca un rotolo di banconote, lo mostra al signore distinto e gli risponde: «Egregio signore, io sto chiedendo dei soldi per mantenere la mia famiglia, perché come può vedere i soldi per giocare li ho già».

Ciò significa che molto spesso il denaro c'è, ma non per acquistare i nostri prodotti, se non appaiono chiaramente vantaggiosi.

SEGRETO n. 18: le obiezioni, sempre delle domande, sono segno di interesse. Nessuno muove obiezioni se non è interessato alla proposta.

Esistono diverse tecniche per superare le obiezioni, ma molti anni d'attività, sia come venditore che come formatore di venditori, mi hanno portato alla conclusione che il metodo più efficace è quello di rispondere a ogni obiezione con una domanda. Infatti, accettando la tesi che ogni obiezione è una domanda ne deriva che dovrete dare una risposta, anzi la risposta migliore possibile, e per poterla scegliere vi servono informazioni il più possibile precise circa la ragione dell'obiezione, e tali informazioni le potrete ottenere solo ponendo quesiti appropriati.

Vediamo un esempio di dialogo fra venditore e cliente al momento della richiesta di firma del contratto.

VENDITORE: «Bene, signor Verdi, visto che siamo d'accordo su tutto non ci resta che formalizzare il nostro accordo. A chi devo intestare il contratto?»

CLIENTE: «Lei sta correndo un po' troppo; è vero che ho detto che mi piace, ma vorrei pensarci un po' su».

V: «È normale, visto che si tratta di una scelta importante. A che cosa in particolare deve ancora pensare?»

C: «Un po' a tutto».

V: «In che senso?»

C: «Nel senso che voglio rivedere con calma quanto lei mi ha proposto».

V: «Se sente questa necessità è evidente che non sono stato abbastanza chiaro nel presentarle la proposta che ho stilato per lei, soprattutto riguardo i vantaggi che ne può ricavare. Quali aspetti, tra quelli illustrati, desidera esaminare con maggior attenzione?»

C: «Non ci sono aspetti particolari che non mi sono chiari, mi è tutto molto chiaro; ma devo fare due conti per vedere se me lo posso permettere».

V: «Quindi, se ho capito bene, lei vuole aderire alla mia proposta, ma non sa se dispone dei mezzi necessari per poter far fronte all'impegno?»

C: «Esatto».

V: «Quindi, se io trovassi una soluzione compatibile con le sue possibilità economiche l'accetterebbe già da subito?»

C: «Be', si tratterebbe comunque di rivedere alcune cose che non mi sono del tutto chiare».

V: «Quali sono le cose che non le sono ancora del tutto chiare?»

C: «Non ho ben capito che cosa succede in caso d'invalidità permanente».

V: «Cosa pensa di aver capito a tale riguardo?»

C: «Che per ottenere un rimborso devo essere nella condizione di non poter più lavorare».

V: «E questo come lo valuta?»

C: «Molto limitativo, perché in realtà un evento che mi procurasse un'invalidità permanente non necessariamente deve impedirmi di lavorare. Potrebbe anche solo ridurre in modo sensibile il mio reddito, magari costringendomi a cambiare attività».

V: «Perciò che cosa sarebbe importante per lei?»

C: «Una garanzia che mi paghi qualsiasi invalidità permanente, anche se questa non mi impedisse di lavorare per sempre».

V: «Quindi se ho capito bene, per lei sarebbe importante avere una garanzia che la assista in base al grado d'invalidità permanente e non sulla base della capacità o meno di svolgere la sua attuale attività. Ho capito bene?»

C: «Sì, ha capito benissimo».

V: «Quindi a queste condizioni accetterebbe di diventare sin da subito mio cliente?»

C: «A queste condizioni sì».

Ora rivedete il dialogo e rispondete alle seguenti domande:

- qual è stata la prima obiezione del cliente?
- Qual è stata la seconda obiezione del cliente?
- Qual era la sua vera obiezione?
- Quante risposte ha dato il consulente?
- È ancora importante il costo della polizza?

Una seconda tecnica molto efficace per il superamento delle obiezioni è la **tecnica del silenzio**. Si tratta di un metodo molto utile tutte le volte che vi trovate di fronte a un'obiezione che vi sembra pretestuosa o falsa. È di facile apprendimento (basta tacere) ma di difficile applicazione, in quanto riuscire a star zitti anche solo per cinque secondi non è così semplice come potrebbe sembrare.

In pratica, dopo un'obiezione che ritenete pretestuosa o falsa, dovrete restare in silenzio per quattro o cinque secondi. Se la vostra sensazione circa l'inconsistenza dell'obiezione è esatta, il vostro interlocutore avrà la sensazione di essere stato "smascherato" e pertanto vi proporrà una nuova versione della sua osservazione.

Applicate nuovamente la tecnica del silenzio e osservate cosa accade. Se anche la nuova versione è pretestuosa, ne seguirà una terza, e così via sino a quando di fronte al vostro silenzio il cliente ribadirà quanto ha appena detto. In quel momento sarete certi di essere arrivati alla vera questione.

Desidero proporvi a questo proposito uno dei tanti episodi che ho vissuto nel corso della mia attività di venditore. Al termine di una trattativa, dopo aver fatto la mia proposta si svolse il seguente dialogo:

CLIENTE: «La sua proposta mi piace, ma non ho i soldi per accettarla».

VENDITORE: [silenzio]

C: «Vede, i miei risparmi sono investiti in B.O.T. e venderli adesso mi causerebbe una perdita».

V: [silenzio]

C: «Certo non si tratta di una grossa perdita, ma non sono del tutto convinto circa la possibilità, che lei mi ha prospettato, di ottenere al termine del contratto una pensione adeguata».

V: [silenzio]

C: «Vede, io mi aspetto una rendita di almeno 1000 euro al mese e non ho capito in che modo posso raggiungere tale risultato aderendo alla sua proposta».

V: «È solo questo il problema?»

C: «Sì».

Una volta superato l'ostacolo ho chiuso il contratto, risultato che difficilmente avrei ottenuto se avessi ceduto alla tentazione istintiva di dare una risposta immediata alla prima obiezione «la sua proposta mi piace ma non ho soldi».

Con ogni probabilità il dialogo sarebbe stato il seguente (mi è successo spesso agli inizi della mia carriera):

CLIENTE: «La sua proposta mi piace ma non ho soldi».

VENDITORE: «Come proposta può constatare, l'investimento è di soli 300 euro al mese. Non sono poi molti».

C: «Non sono molti, è vero, ma con tutte le spese che ho al momento sono troppi».

V: «Sono certo che se si trattasse di trovare 300 euro al mese per far fronte a un improvviso aumento dell'affitto, li troverebbe vero?»
C: «Guardi, credo che in tal caso valuterei seriamente la possibilità di cambiare alloggio. Comunque senta, se le cose dovessero cambiare stia certo che mi farò vivo, perché la sua proposta mi piace molto».

Avete sicuramente compreso come il metodo migliore per rispondere a questo tipo di obiezioni sia il silenzio, almeno sino a quando non si abbia la ragionevole certezza di essere di fronte alla vera questione. In tutti gli altri casi, il rispondere puntualmente e immediatamente a ogni obiezione porta alla conclusione negativa della trattativa, quando non addirittura a un conflitto con il cliente; fatto che non solo ostacola un corretto processo di comunicazione, ma impedisce anche possibili opportunità future di affari.

SEGRETO n. 19: le obiezioni indicano la strada da seguire per giungere alla conclusione positiva della trattativa. Attenzione: rispondete solo alle obiezioni reali, quelle

pretestuose servono al cliente per non svelarvi la verità.

Una volta superate con successo le obiezioni, potete finalmente passare alla fase della chiusura. In questa passaggio, molto delicato, è indispensabile mostrare sicurezza, quella sicurezza che vi ha fatto "far firmare" centinaia di clienti.

Adesso penserete che io sia improvvisamente impazzito se faccio questa affermazione. Vi sento già dire: «Ma noi non abbiamo fatto firmare centinaia di clienti!» Naturalmente lo so. Ora vi spiego come potete fare per acquisire la sicurezza di chi invece ha raccolto veramente centinaia di firme.

La sicurezza non è un qualcosa che si possa misurare o quantificare; è una sensazione che si trasmette attraverso il linguaggio del corpo (ricordate il capitolo dedicato alla comunicazione?). Il linguaggio del corpo è influenzato dai pensieri che abitano il nostro cervello; se non ci credete provate a osservare i vostri comportamenti e atteggiamenti quando siete preoccupati per qualcosa e confrontateli con quelli assunti quando siete spensierati e sereni. Ci sono delle differenze, vero?

Sono notevoli quanto lo sono quelle tra chi è abituato a far firmare contratti e chi non lo è; ma per i secondi c'è una notizia fantastica. Il cervello non distingue tra situazioni reali e situazioni immaginate. Grazie a questa particolarità, sarà sufficiente immaginarvi più volte nell'atto di far firmare un contratto per trasmettere ai vostri clienti la stessa sicurezza di un venditore esperto.

Pensate che negli Stati Uniti una squadra di basket ha suddiviso i suoi giocatori in due gruppi di dieci l'uno. Un gruppo si è allenato per un'ora al giorno ai tiri liberi mentre l'altro gruppo nello stesso momento si ritirava nello spogliatoio. Lì i giocatori si allenavano per un'ora a immaginarsi nell'atto di eseguire i lanci. Dopo un mese i due gruppi si sfidarono in una gara di tiri liberi e, inaspettatamente, vinsero quelli che avevano fatto l'allenamento solo con la propria immaginazione.

Il motivo di questo risultato all'apparenza sorprendente consiste nel fatto che chi per un mese aveva eseguito materialmente i tiri liberi aveva inevitabilmente commesso degli errori (puntualmente registrati dal cervello), mentre chi si era allenato con l'immaginazione si era sempre focalizzato nel fare canestro, per cui aveva trasmesso al cervello le informazioni da passare ai muscoli e agli arti per ottenere gli effetti immaginati.

Naturalmente, perché questa tecnica produca risultati importanti, occorre rispettare alcune regole:

- la situazione va immaginata sin nei minimi dettagli (luce, colore, suoni, sensazioni);
- si deve udire il dialogo con il cliente;
- ci si deve focalizzare nell'atto di trattare con successo con il cliente;
- si deve restare nella situazione immaginata fino a provare effettivamente la sensazione reale di chi ha concluso un buon affare.

Inizialmente incontrerete forse qualche difficoltà; ma la pratica quotidiana di questo esercizio vi permetterà di ottenere risultati che ora non potete neppure immaginare.

Adesso siete veramente pronti per la fase della chiusura. In questo passaggio è sufficiente utilizzare alcune frasi che possono agevolare la raccolta della firma, quali ad esempio:

- «Visto che siamo d'accordo su tutto, non ci resta che formalizzare il nostro accordo. Il contratto lo intestiamo a lei o a sua moglie?»
- «Per quanto riguarda la durata del contratto, preferisce quindici o vent'anni?»
- «Preferisce il pagamento annuale o semestrale?»

Ovviamente queste frasi vanno pronunciate con la penna in mano e il contratto di fronte al cliente, in modo da poter annotare subito le riposte ricevute.

Mi rendo conto che questa mia ultima precisazione è inutile così com'è inutile il ricordarvi di verificare sempre, prima della visita, di avere nella vostra ventiquattr'ore i contratti da far firmare, più alcuni "di riserva" e almeno due penne, ma ora che vi ho fatto queste inutili raccomandazioni mi sento molto più tranquillo.

SEGRETO n. 20: il cliente, anche se convinto, non vi chiederà mai di poter firmare la vostra proposta. È un compito che spetta a voi. Mostratevi decisi nel chiedere la sua adesione, è

questo che si aspetta da voi. Ogni vostra indecisione lo porterà a mettere in dubbio la bontà della proposta.

Adesso che avete raccolto la firma sul contratto e avete ritirato l'assegno, probabilmente pensate di potervi finalmente rilassare e godervi il vostro successo. È un desiderio più che legittimo, ma purtroppo vi devo deludere perché il vostro vero lavoro comincia adesso; e vi spiego il perché.

Normalmente occorre una buona dose di automotivazione per iniziare ogni giorno una giornata da venditore entusiasta ed energico. Il lavoro di automotivazione richiede l'impiego di molta energia, energia che a volte viene a mancare, dando il via a una fase di scarsa attività e di scarsi risultati.

Pensate invece a quanta carica motivazionale avete dopo la buona conclusione di un affare. Ha senso non utilizzare questa carica? No naturalmente, e allora sfruttate quell'energia per pianificare i vostri futuri successi. Ma come? Passando alla quinta mossa della trattativa di vendita.

RIEPILOGO DEL CAPITOLO 6:

- SEGRETO n. 17: non abbiate paura dei no. Sono occasioni importanti per scoprire quali cose dovete migliorare.
- SEGRETO n. 18: le obiezioni, sempre delle domande, sono segno di interesse. Nessuno muove obiezioni se non è interessato alla proposta.
- SEGRETO n. 19: le obiezioni indicano la strada da seguire per giungere alla conclusione positiva della trattativa. Attenzione: rispondete solo alle obiezioni reali, quelle pretestuose servono al cliente per non svelarvi la verità.
- SEGRETO n. 20: il cliente, anche se convinto, non vi chiederà mai di poter firmare la vostra proposta. È un compito che spetta a voi. Mostratevi decisi nel chiedere la sua adesione, è questo che si aspetta da voi. Ogni vostra indecisione lo porterà a mettere in dubbio la bontà della proposta.

CAPITOLO 7:
Come mettere in movimento il “moltiplicatore d’affari” (quinta mossa)

Come abbiamo visto in precedenza, uno degli ostacoli più grandi da superare, in questo tipo di professione, è la diffidenza con la quale è visto da sempre il lavoro del consulente assicurativo.

Chiunque svolga questa professione sa quanto sia difficile riuscire a ottenere un appuntamento con persone sconosciute. A volte occorrono cinquanta/sessanta telefonate per fissare un incontro, e questo significa sentirsi dire più di cinquanta volte «no», e voi sapete quanto pesino i rifiuti sul morale del venditore. E questo ammesso e non concesso che siate riusciti a tener duro per cinquanta/sessanta telefonate.

Ora vi chiedo un attimo di riflessione: ha senso ostinarsi a cercare persone che non vi conoscono quando avete la possibilità di farvi presentare da qualcuno che sa chi siete e ha già apprezzato il vostro modo di lavorare e la vostra professionalità?

Preciso che non mi riferisco naturalmente alla lista di quattro-cinquecento nominativi di persone conosciute che è normalmente richiesta a chi inizia l'attività di intermediario assicurativo, e sulla cui utilità mi riservo di fare alcune considerazioni in seguito. Quando parlo di gente che vi conosce e che vi apprezza come professionisti, mi riferisco a chi ha già concluso affari con voi. È a costoro che dovete chiedere la referenza attiva. Ottenere la referenza attiva significa farsi presentare da un vostro cliente a una o più persone da lui conosciute e che di lui si fidano.

SEGRETO n. 21: fate dei vostri clienti i vostri sponsor. Loro vi hanno conosciuto e apprezzato e sono i più qualificati a parlar bene di voi.

Anche per quanto riguarda la richiesta della referenza attiva, esistono diverse scuole di pensiero e quindi differenti modi di procedere. Il metodo che mi è stato insegnato inizialmente prevede una richiesta formulata in questo modo: «Bene, signor Rossi, visto che è soddisfatto della scelta che ha fatto e dell'utilità che ne può ricavare, non ritiene che sarebbe giusto offrire questa opportunità anche ad altre persone alle quali lei vuole bene, come ad esempio i suoi genitori, i suoi fratelli ecc.?»

Ho applicato con impegno questo metodo per diversi mesi, ma senza ottenere risultati che andassero oltre le classiche risposte del tipo: «In questo momento non mi viene in mente nessuno», «i miei genitori sono troppo vecchi», «se mi venisse in mente qualcuno glielo farò sapere» ecc. Mi sono naturalmente chiesto il perché di tanti risultati deludenti, e la conclusione cui sono giunto è stata che la richiesta così formulata è chiaramente *falsa*, in quanto non è assolutamente vero che volevo offrire al cliente la possibilità di fare un favore a qualche suo conoscente, ma desideravo che fosse fatto un favore a me.

Per questa ragione ho modificato la mia richiesta di referenza attiva utilizzando una formula diversa che mi ha sempre portato risultati positivi; ed è quella che io chiamo **richiesta verità**. Ecco il dialogo che normalmente intrattengo con il mio cliente, al termine della trattativa, per chiedere le referenze:

VENDITORE: «Bene, signor Rossi, mi complimento con lei per la sua decisione. Ora sono io che ho bisogno di un aiuto da parte sua».

CLIENTE: «Se posso volentieri».

V: «Sono certo che può, in caso contrario non glielo chiederei nemmeno. Vede, signor Rossi, la più grossa difficoltà nel mio lavoro consiste nell'ottenere appuntamenti con persone che non mi conoscono. Pensi che normalmente devo fare oltre cento telefonate per avere un appuntamento. Naturalmente io comprendo la diffidenza di chi si sente richiedere un incontro da uno sconosciuto; è del tutto normale, ed è per questo che mi serve il suo aiuto. Lei ha potuto vedermi al lavoro e sa come mi comporto con i clienti, per cui se mi potesse presentare a persone che la stimano avrei maggiori opportunità di fare conoscere il mio modo di lavorare. Mi potrebbe fornire il nome di due o tre persone che hanno fiducia di lei, alle quali io possa rivolgermi facendo il suo nome?»

SEGRETO n. 22: chiedete aiuto. Le persone amano poter essere di aiuto e, anche quando non ne hanno particolarmente voglia, provano comunque difficoltà nel rifiutare il proprio sostegno.

Questo tipo di richiesta contiene due elementi che rendono quantomeno difficile rispondere negativamente:

- *chiediamo un aiuto*: per la maggior parte delle persone è gratificante aiutare gli altri, soprattutto se prova nei loro riguardi dei sentimenti di stima, di simpatia o di rispetto. Il ringraziamento per un favore fatto è ancora preferito a un freddo riconoscimento materiale. Senza contare che è estremamente difficile per chiunque negare un piacere che si può fare;
- *chiediamo i nominativi di persone che stimano il nostro interlocutore*: per quanto riguarda il secondo aspetto, è molto difficile per chiunque ammettere di non essere stimato da nessuno, del resto è un'eventualità assai improbabile, quindi si stimola nell'interlocutore la volontà di ricercare con attenzione le persone delle quali fare il nome.

SEGRETO n. 23: chiedete sempre al cliente i nomi di persone che hanno stima di lui. È difficile per chiunque affermare di non essere rispettati da nessuno, per cui avrete certamente qualcuno da contattare. Non chiedete mai più di tre nominativi per volta, è più facile che li otteniate.

È possibile che, nonostante tutto, possiamo incontrare delle difficoltà; vediamo le più frequenti e in che modo ci si può comportare.

Risposta n. 1

CLIENTE: «In questo momento non mi viene in mente nessuno, mi dia qualche giorno di tempo e poi la chiamo».

VENDITORE: «È normale che così su due piedi non sappia chi segnalarmi… sarebbe lo stesso anche per me. Di solito do un'occhiata alla mia rubrica telefonica, dove ho i contatti di fiducia, ha nulla in contrario a prendere la sua e vedere chi mi può indicare?»

Risposta n. 2

CLIENTE: «Non mi va l'idea di disturbare altre persone».

VENDITORE: «La sua risposta mi farebbe pensare che io l'ho disturbata, ma so che non è così. Ritengo che in realtà lei tema la reazione di chi intende presentarmi, è un timore tanto legittimo quanto ingiustificato, visto che mi presenterà persone che la stimano non le pare?»

C: «Non so se le persone che le posso presentare sono interessate

a stipulare polizze d'assicurazione».
V: «Come ha potuto notare nei nostri incontri, per verificare un'eventuale necessità dal potenziale cliente, è necessario per me conoscerlo, come ho fatto con lei. D'altronde nel caso in cui non esistesse alcun interesse da parte dei suoi amici a fare la mia conoscenza, il peggio che può capitare è che non mi concedano l'appuntamento».

Se nonostante tutto il vostro interlocutore continua a mostrarsi reticente, vi suggerisco una domanda molto forte ma fondamentale per comprendere in pieno la qualità della relazione che avete creato con lui: «Mi scusi, ma potrebbe dirmi per quale ragione non mi vuole aiutare?»

Si tratta senza dubbio di una domanda "pesante", ma un continuo rifiuto a una vostra richiesta d'aiuto indica una relazione non sufficientemente buona da garantire una continuità di rapporto nel tempo, quella continuità che è fondamentale per dare stabilità alla professione che avete scelto.

Pertanto se non ottenete ciò che desiderate non indugiate, siate diretti e onesti e ponete con serenità la domanda che vi ho suggerito. La reazione del cliente vi stupirà, ma soprattutto otterrete senz'altro ciò che avete chiesto.

Giunti a questo punto non vi resta altro da fare che mettere in pratica quanto avete appreso perché *solo la pratica rende perfetti*; rimarrete ogni giorno stupiti dei miglioramenti che riscontrerete nella vostra attività e nei rapporti con gli altri, anche al di fuori dell'ambito lavorativo.

Fra qualche tempo vi si presenterà un solo pericolo: quello di sentirvi arrivati al top! Quando ciò accadrà fermatevi e riprendete in mano questo manuale con la stessa curiosità e voglia di apprendere di quando avete deciso di acquistarlo.

Comportandovi così raggiungerete e consoliderete un traguardo molto importante: il vostro successo!

RIEPILOGO DEL CAPITOLO 7:

- SEGRETO n. 21: fate dei vostri clienti i vostri sponsor. Loro vi hanno conosciuto e apprezzato e sono i più qualificati a parlar bene di voi.
- SEGRETO n. 22: chiedete aiuto. Le persone amano poter essere di aiuto e, anche quando non ne hanno particolarmente voglia, provano comunque difficoltà nel rifiutare il proprio sostegno.
- SEGRETO n. 23: chiedete sempre al cliente i nomi di persone che hanno stima di lui. È difficile per chiunque affermare di non essere rispettati da nessuno, per cui avrete certamente qualcuno da contattare. Non chiedete mai più di tre nominativi per volta, è più facile che li otteniate.

Conclusione

Abbiamo guardato da una diversa angolazione le polizze di assicurazione; abbiamo appreso delle nuove metodologie per condurre con successo una trattativa di vendita e quali sono le modalità per attivare il “moltiplicatore d’affari”.

Ora desidero che vi concentriate sull’aspetto più importante della professione di intermediario assicurativo: **la dimensione etica del ruolo**.

Come abbiamo visto, vendere assicurazioni non è semplice, ma con le giuste competenze si possono superare tutte le obiezioni del cliente e portare a casa il contratto, ma questa non può e non deve essere la motivazione alla base della scelta della vostra professione.

Riflettete bene su questo punto: *le polizze di assicurazione sono il solo strumento presente sul mercato in grado di mettere al riparo una persona o una famiglia dal rischio economico che può derivare da eventi dannosi.* Il risparmio (escluso volutamente), fatte salve alcune eccezioni, non è quasi mai sufficiente a compensare il danno subito e anche quando lo è il suo utilizzo va a discapito della realizzazione di altri progetti.

I pregiudizi nei confronti delle assicurazioni, la scarsa "cultura assicurativa" e comportamenti non troppo corretti di alcuni operatori del settore hanno spinto e spingono tutt'ora le persone a non sottoscrivere prodotti assicurativi, esponendo così se stesse, i propri beni e i propri cari a rischi economici che potrebbero rivelarsi fatali, e questo vale soprattutto per gli appartenenti ai ceti meno abbienti, e pertanto più bisognosi di tutele economiche.

Il compito dell'intermediario assicurativo, la vera motivazione che lo deve spingere ogni giorno ad avvicinarsi con gioia al suo possibile cliente, è la consapevolezza di avere la possibilità di aiutarlo a vincere i suoi pregiudizi e i suoi timori guidandolo con serietà, competenza e professionalità nella scelta di quei prodotti che più sono necessari alla sua persona e alla sua famiglia.

Vi auguro di ottenere importanti successi professionali e soprattutto di provare la gioia per aver contribuito alla serenità di molte persone con il vostro lavoro.

Luigi Predebon

Bibliografia consigliata

- P. Watzlawick, J.H. Beavin, D.D. Jackson, *Pragmatica della comunicazione umana*, Roma, Astrolabio, 1971.
- R. Denny, *Motivazione: l'arma vincente. Tecniche collaudate per sempre maggiori affermazioni*, Milano, Franco Angeli, 2009.
- G. Granata, *PNL la programmazione neurolinguistica*, Milano, De Vecchi Editore, 2001.

www.ingramcontent.com/pod-product-compliance
Lightning Source LLC
LaVergne TN
LVHW010813051026
849532LV00007B/2533